折射集
prisma

照亮存在之遮蔽

Decoding Advertisements

Ideology and Meaning in Advertising

Judith Williamson

当代学术棱镜译丛·媒介文化系列

丛书主编 张一兵 副主编 周宪 周晓虹

解码广告

广告的意识形态与含义

〔英〕朱迪斯·威廉森 著

马非白 译

南京大学出版社

《当代学术棱镜译丛》总序

自晚清曾文正创制造局,开译介西学著作风气以来,西学翻译蔚为大观。百多年前,梁启超奋力呼吁:"国家欲自强,以多译西书为本;学子欲自立,以多读西书为功。"时至今日,此种激进吁求已不再迫切,但他所言西学著述"今之所译,直九牛之一毛耳",却仍是事实。世纪之交,面对现代化的宏业,有选择地译介国外学术著作,更是学界和出版界不可推诿的任务。基于这一认识,我们隆重推出《当代学术棱镜译丛》,在林林总总的国外学术书中遴选有价值篇什翻译出版。

王国维直言:"中西二学,盛则俱盛,衰则俱衰,风气既开,互相推助。"所言极是!今日之中国已迥异于一个世纪以前,文化间交往日趋频繁,"风气既开"无须赘言,中外学术"互相推助"更是不争的事实。当今世界,知识更新愈加迅猛,文化交往愈加深广。全球化和本土化两极互动,构成了这个时代的文化动脉。一方面,经济的全球化加速了文化上的交往互动;另一方面,文化的民族自觉日益高涨。于是,学术的本土化迫在眉睫。虽说"学问之事,本无中西"(王国维语),但"我们"与"他者"的身份及其知识政治却不容回避。但学术的本土化绝非闭关自守,不但知己,亦要知彼。这套丛书的立意正在这里。

"棱镜"本是物理学上的术语,意指复合光透过"棱镜"便分解成光谱。丛书所以取名《当代学术棱镜译丛》,意在透过所选篇什,折射出国外知识界的历史面貌和当代进展,并反映出选编者的理解和匠心,进而实现"他山之石,可以攻玉"的目标。

本丛书所选书目大抵有两个中心:其一,选目集中在国外学术界新近的发展,尽力揭橥域外学术20世纪90年代以来的最新趋向和热点问题;其二,不忘拾遗补阙,将一些重要的尚未译成中文的国外学术著述囊括其内。

众人拾柴火焰高。译介学术是一项崇高而又艰苦的事业,我们真诚地希望更多有识之士参与这项事业,使之为中国的现代化和学术本土化做出贡献。

丛书编委会
2000 年秋于南京大学

当我开着车

那个人出现在电台里

他告诉我越来越多

没用的玩意儿

试图点燃我的幻想

　　我完全无法

　　获得满足

当我看电视

那个人出来告诉我

我的 T 恤能有多白

但他不是真男人　因为他的烟

抽得还没有我多

　　我完全无法

　　获得满足

　　我完全无法

　　获得满足

　　米克·贾格尔和基思·理查兹(滚石乐队)

　　　　　　　　《无法满足》

完全追随我的读者

必须下定决心

从片面看向整体。

　　　　　　卡尔·马克思

　　　　《政治经济学批判》

第十五次印刷序

本书动笔于 1976 年,当时世界上充斥着光鲜亮丽的图片和声响,只为让你注意那些抢眼的标语——那时广告鼓励我们通过购买消费品来塑造个性,同时让我们通过所有物来表达与他人的关系。25 年后的今天,我正在写第十五次印刷序言,而当今世界,至少在广告方面,与从前一脉相承。本书中的广告或许看上去像是 20 世纪 70 年代流行的"怀旧"电影或时尚,这使我们察觉文化形象更迭之迅速。但我的分析过程从广告出发,只在强度和普遍性方面有所变化——我们前所未有地需要理解并质疑这个过程。

显然广告本身不论是内容还是形式都在随时代变化:它们反映了社会发展(更多的女人开车,更多的男人烧饭),以及被媒体标榜为"后现代"自我意识的微妙改变。诋毁自我形象或者颠覆个人角色的广告愈发增多(例如宣称"形象不算什么——顺从你的渴望"的软饮料广告),如此现实让人们倾向于假定在过去的数十年中,广告变得更复杂,其观众也更有见识了。当然,20 世纪 70 年代的广告看上去远比 50 年代的复杂、时髦。每个时代都认为自己进步了,而这个观念根植在广告的基础结构中:广告必须显得与时俱进,因为新产品必须不断取代旧产品。

尽管现在的广告可能看上去与 25 年前的略有不同,但功能仍然一致,而且其根本作用方式也是相同的。从前它们展现的是"精致、有见识"的消费者在使用这一款产品,现在它们则将这种"精致和有见识"融入其自身形象:这种策略尤其常见于烟酒广告,因为在此类广告中直接描绘消费场景是违法的(见第八章)。但是,广告所做的事基本不变:它将含义联系到产品上,从而塑造它想推广的产品(或者服务提供者)的特性：如今这个过程叫作品牌推广。品牌推广是当今最火爆的话题，这证明尽管广告的基本目的比我刚开始写书时仅仅略有变化，但是我们理解并讨论它的大环境已经天翻地覆。

娜奥米·克莱恩（Naomi Klein）[1]的《拒绝品牌》（No Logo，2000年）一书有力地昭示了这种变化。克莱恩自称为生活在"新商标世界"的一代人，在这个时代，广告渗透了媒体，进入学校、运动会和公众生活。在此前提下，每件使用了商标的产品本身都是广告。一件缝有耐克标志的衣服只需穿在身上就能实现企业宣传。这个世界上的一些孩子会因为穿去上学的运动鞋上没有名牌商标而痛苦绝望，而几千英里之外，另一些孩子正在痛苦绝望地生产它们。《拒绝品牌》是对此般现状的一纸控诉：它将第一世界的年轻人因为寄生虫式的企业文化"偷走了他们的潮流"而产生的"愤怒"图像化。更重要的是，它同时调查了第三世界中的劳工现状，因为企业工厂首先要在这里生产出那些"时尚"产品。

《拒绝品牌》起源于反资本主义运动，而反资本主义已经部分地发展成为一种资本主义自身发展中的内在响应。在过去的20年里，消费文化必然得到增强：在20世纪80年代的英国和北美，右翼政府曾故意实行"国家推回"（rolling back of the State）[2]，以孤立资本并增强对公共场所的控制，而市场同时成了宣传场地和企业机构。品牌和商标随处可见，商业全球化进程日益加速：跨大洲公司越来越难受到某一国法律的约束，而劳务外包的趋势免除了企业家对劳动力负责的压力，于是劳动力成了可消耗品。

目前发生的一切都与道德相悖，而在世界范围内发出反对声音的运动则空前受到欢迎。回顾1976年，只有马克思主义理论家在讨论资本主义，因为在西方社会，资本主义已被看作既定的生活方式和社会背

---

① 娜奥米·克莱恩：加拿大作家、社会活动家。——译者注
② 国家推回：政治学术语，指以强硬手段达成一个国家的主要政策改变，通常做法是达成政权更替。——译者注

解码广告：广告的意识形态与含义

景。如今我们在国际上争论全球化和商标，这是资本主义带给我们星球未来的冲击——这种体系政治不公、本质剥削、空间压迫，既不是自然产生的，也不是人类事务中必不可少的模式，而现在已有公众语言用于反对这种体系。

但是，有时仅仅说某件事是错的——尽管事实如此——并不足够。我们需要理解该体系的运作方式：此处理论和分析至关重要。反资本主义并没有让马克思主义显得冗余——反而使之变得更加必要，因为马克思主义作为动态分析资本主义的框架，一直致力于理解其运作方式。运用马克思主义视角，我们可以将资本主义的"过剩"（excesses）看作其整体结构的一部分：不剥削劳动力怎么赚钱？而马克思所说的商品狂热则比任何时候都要贴切，因为这是一个人与人的关系逐渐被物与物的关系取代的世界。

这些概念一如既往就事论事，同时便于我们理解如今所说的全球化和品牌化——这些曾被称为经济帝国主义和市场化。流行词变得比它们所指的现象更快：这提供了用新角度思考同一事物的途径。但是，这也会让人误以为世界变化得比实际上要快。例如"后现代"一词的兴起：每当使用这个词，我们就会觉得自己生活在一个新的后现代世界中——先不论我们到底算不算得上后现代，这个词的本义就是个谜。同样，虽然品牌化确实比 30 年前更为普遍，但它并非新现象，而是近来的争论使之显得新颖而已。

早在《拒绝品牌》出版的 100 年前，H. G. 威尔斯（H. G. Wells）[①]就写下了引人入胜（并且妙趣横生）的小说《托诺-邦盖》（*Tono-Bungay*），讲述了主人公通过投放大量现代广告并运用利基市场（niche market）[②]建立起专利药制造品牌以谋取利润的故事。当然，其中对廉价劳动力的无情剥削屡见不鲜，只是血汗工厂大多地处菲律宾和印度

[①] H. G. 威尔斯：英国小说家。——译者注
[②] 利基市场：指需求高度专门化的市场。——译者注

尼西亚,而非曼彻斯特或者底特律。

所以我们一方面在寻找周遭世界中不断变化的元素,另一方面又以概览结构整体的方式学习。这就是理论和分析如此宝贵的原因:它们实质上是可以一用再用的工具——这根植在概念性而非叙述性系统的本质当中。二加二始终等于四,不管你加上的是两个苹果还是两辆坦克:哪怕表面细节可能变化,对连贯结构的分析却能保证其真实性。

本书打算以此切入。我写作本书的目的是分析广告的工作方式,而非仅仅评论其内容。整个"解码"过程旨在拆分广告机制,以展现广告是如何将含义传达到自身及其代表的产品上的。含义随时在变,机制却从不变化:为什么结构分析一直有效? 因为它仍然"有用"。我引入的符号学和心理分析理论补充了马克思主义的视角,它们一起帮助我们理解我们文化中事物的获意**方式**——也就是含义的表达方式。同时也是我们感受和思考的模式。

意识形态(ideology)不算新鲜词了,在当今的知识环境下,提到这个词的人就像斯大林主义的怪兽。但这个概念包含了研究矛盾和复杂性的理论体系,并且研究了我们在政治层面上对自身的感知。废止意识形态一词证明我们已经放弃理解自己与内部和外部现实的抗争;我们不愿承认自己的所想所感并不百分之百由自身控制。但如果不用这个框架,我们怎么解释为什么有些人想要变得更"酷",同时又攻击那些让他们"变成"这样的商标? 或者为什么人们很难放弃一些他们知道会给自己("烟枪")或者外部世界("飙车党")带来负面信息的身份? 意识形态——不管我们怎么称呼它——调和了我们知道的、我们感受到的和我们生活的世界。我现在相信,就像我在 1976 年所做的,抓住理解广告意识形态和含义的工具,才能看清变化的世界以及自我和整个世界向自由转变的过程中更广泛的斗争。

2002 年 8 月

前　言

我想说说本书如何写成以及因何而写，也就是本书的写作背景。接下来的简介部分将给出本书内容的基本大纲，以及本书的结构与小标题。

最开始这是加州大学伯克利分校的一项流行文化课程项目，只包含一些广告和对每个广告形式的分析。但在课程中，我的分析结论渐渐产生，并形成了我此处展示的理论的根基。我根据这项理论将本书结构打乱完全重写，使得本书成为现在的状态。

但我写书的原因需要追溯到更久以前。我来到伯克利时，带着一大摞多年收集的广告。这些都是我从杂志上撕下来的，因为我潜意识中一直希望能弄清它们对我的具体影响。在青少年时期，我同时读马克思的著作和《甜蜜》（Honey）①杂志。我无法协调我的所知和所感。我相信这就是意识形态的根源。我知道我在被"剥削"，但我又迷恋这个事实。感受（意识形态）落后于知识（科学）。我们可以从它们的碰撞中学到东西。在革命性产物变得平淡无奇的过程中，我们得以进步。

然而，这个过程是可逆的。当我看着伯克利的这些广告编写项目时，我的结论已清晰明了；这些结论解释了我对广告的反应，**而且并非牢强附会**。但在我读过解构主义思想家，或者说一些现代马克思主义思想家的作品后，我发现我的项目被放在了一个全新的背景中。人们看到结构和关系的某些特定方面时会变得兴奋，认为这非比寻常。结构和关系至关重要，但不是新话题。事物之间的关系当然很重要：体系当然很重要。

---

① 《甜蜜》杂志：面向年轻女性的英国月刊，创刊于 1960 年。——译者注

所以似乎最近,显而易见的东西(例如结构)变得具有"革命性"了。这其实是一种退化。我们应该努力关注社会以及自身的感觉和行动中的新方面。如果不是我青少年时期所经历的内心斗争,我不会写下这本书,尽管最终呈现的版本以理论为框架,而且直到现在我依然能感受到对杂志上光鲜生活的渴望和我永远无法获得它的认知在不断斗争,因为那种生活是虚构的。所以我为什么想要得到它?是它错误地满足了我们的实际需求:事实上,这种生活之所以能够维持,是因为我们无法得到真正的满足。

以上是我的个人经历,但此书中的大部分内容都是无关个人的。我非常重视方法的理论和形式结构,因为这些内容具有普遍性,同样也必须切实可行。我希望这本书的标题能让人联想到某种"拆解汽车"之类的工作手册。我不想理会一切没有实践性,没有扎根于我们感情、生活、自我塑型因素的意识形态理论。

以上是此书写作的个人背景,而下文则是我研究广告的宏观原因。两者之间并没有本质差异。政治是公共生活与私人生活的交叉点。本书虽然针对的是公共形式,但它在影响着我们与他人及与自己的私人关系。人际关系的意识形态(例如爱情的供求)本应是另一类作品的主题,但这些领域受到广告影响,同时在这些领域中,反对错误意识的抗争更加艰辛而隐秘。这些抗争并不发生在理论层面,而是在我们的日常生活中;然而,为了构建广告理论(这种理论自从被我发现以来就"适用"于其他意识形态结构,例如电视、电影等),单独的抗争个体必须突破自身孤立性。这个理论让你的个人反应具备了科学的根基,而非个人化的本质证实了其特定性。

因此,我相信结构分析和针对流行媒体的清晰理论对从政治层面理解媒体有至关重要的作用。我必须向解构主义思想家致谢。但我只将他人的理念作为**工具**使用:我选取了有助于"解码"广告的工具,除此之外全部摒弃。我相信马克思主义学者不会完全抵制解构主义:因为资本主义意识形态过程变得愈发狡猾,同理,我们在理解这些过程时也必须灵活应对。我们不能放过任何可能有用的工具。这并非"折中主义"（eclectic），而是立足实践。

我一方面试图在这本书中发挥自己的主体性，另一方面想要将主体性嵌入当今的知识潮流中，因此我必须指出，尽管本书已经初步完成一年有余，但它远非最终定论。它更像是尝试着研究我们在意识形态轰炸下可供分享的自处方式。

在此我想感谢凯瑟琳·肖恩菲尔德和莱斯利·迪克帮我将部分内容输入电脑；珍妮特·格雷输入了最终版全文；杰拉德·杜维恩帮我找到了本书最后两个广告，并将它们从美国邮寄给我；以及克里斯·哈勒，因为他的论点让我时刻保持警醒，而他的鼓励给了我精神支持，伴随我完成此书。

于伯克利-布莱顿

1976 年 7 月

目　录

第二篇 "意识形态的堡垒":指称系统

导言 "含义与意识"

> 所以简要来说过程如下：在交换的瞬间，产品变成了商品，商品由此获得交换价值。为了凸显其交换价值，它被转换为一个代表其交换价值的符号。作为代表交换价值的符号，它可以反过来以明确的标价交换任何其他商品。因为产品可以成为商品，而商品又可以成为交换价值，故而从概念来讲，商品最初就是一种双重存在。这项双重概念一直延伸（且必须延伸）到商品在事实交易中的双重存在：它一方面是自然产物，另一方面又是交换价值。

卡尔·马克思《政治经济学批判大纲》（Grundrisse）

广告是塑造和反映我们当今生活的重要文化因素之一。它们在生活中随处可见，且无法忽视：即便你不看报纸和电视，你依然无法逃离遍布城市的招贴画。广告覆盖所有媒介，不受载体限制，通过明显的自主存在和强烈的社会影响，构成了广阔的上层建筑。我个想在此**测算**其影响力，因为这种工作除了要研究广告本身，还需要从更大范围收集材料以进行社会学研究、获取消费者数据。我只想简单分析我们能从广告中**看见**什么。正是广告在多种媒体中的存在使之成为一个与我们的生活相连接的独立现实：广告与生活同样具有连贯性，广告构成的世界往往看上去也十分真实。因此广告"世界"看似与承载它的屏幕纸张等物质媒介相互分离。从**物质性**角度分析广告可以让我们不会**错误地**

赋予其实质性，从而放任"广告世界"歪曲屏幕或纸张以外的现实世界。

广告之所以重要，是因为其作为一个可识别的"形式"具有普及性和固定性，哪怕它借助了不同的技术媒介，拥有各种各样的"内容"（即传达了不同产品的不同信息）。显然广告的主要功能是向我们兜售物品，但它还有另一项功能，且我认为这项功能在各种意义上取代了传统的艺术和宗教：它创造出了含义的结构。

如前所述，即便是广告最"显而易见"的功能：卖东西给我们，也涉及创造含义的过程。广告不仅需要考虑它们所推广产品本身的特质和属性，还要用某种方法让这些属性**在我们看来有所意指**。

换句话说，广告必须将客观事实——例如一加仑汽油能让汽车跑多远——翻译成具有人格意义的描述。假如一辆车的油耗低，就可以转译成经济实惠，那么用它的人就是勤俭的"聪明人"，换句话说，就属于**某一类特定人群**。如果车子的油耗高，那么广告所吸引的就是绝不会"为一点小钱"斤斤计较那类人，而是大胆肆意、追逐潮流的人。不管是"20 公里每加仑"还是"50 公里每加仑"，这两种特定说法都可以在纯粹事实层面上展现汽车的"使用价值"。广告使用人性化的象征来体现商品的"交换价值"，从而将以"物"为本的说辞转换为以人为本的说辞。

所以广告并不像表面所看上去的，只是一种"语言"。语言由特定且可识别的内容组成，而且拥有既定词汇，但广告的构成则十分多变（具体见第二部分），而且也未必拘泥于一种语言或者社会话语。广告更像是提供了一种可以将物质语言和人文语言相互转换的结构。本书的第一部分力图分析这种结构的功能，第二部分则着眼于现实中的系统与物品如何在这种结构中得以转换。

然而，仅仅认为广告是在将人降格成物就太过简单化了，尽管从象征意义上来讲确实如此。显然，广告在特定客户群体和特定产品（如前例）之间建立联系。通过建立联结以及创造意象，广告让这些意象看上去像是"确切的事实"，同理，我们也会这样认为。例如，钻石的市场宣传就是将之比喻为永恒的爱情，它本质上是一块石头，却在人类世界里标示着爱情，一块矿石由此成为一种象征。因此钻石在我们眼中开始"意味着"爱情和天长地久。一旦这种联系建立起来，我们就开始反方向转译，或者干脆跳过了转译的步骤，直接将符号当成所指，将物品当成情感。

所以人与物品在相互连接之后，的确变得可以互相替代，这在两类广告中得以体现。一类广告中物体能够像人一样开口说话："以花言爱"（say it with flowers）；"一点金子说明一切"（a little gold says it all）等。反之，另一类广告将人看作物：诸如"百事党"（the *Pepsi People*）之类（具体见后文第一、二章）。广告含义系统的这一方面体现在之前米克·贾格尔（Mick Jagger）①的歌词里。广告对产品的分类如回旋镖一样反弹，我们接受它们的同时又使用它们。当"某个人"出现在一则广告中，电视观众（有趣的是这个群体对所有广告一视同仁，也可以说他们认为一则广告与另一则原理相同，都是可替换系统的一部分）会将**另一类**广告中的言语应用到这则广告里，得出"不抽烟/不跟我抽同一种烟就不是男人"的结论。广告贩卖的实际上是一种消费品以外的东西：通过展现我们自身和产品之间的相互替代性，它卖给我们的其实是我们自己。

而我们也正需要这样的自己。如同将人与物品相提并论，这种需求的物质和历史背景同样值得关注。我们试图区分人与人或者物与物，是因为我们有区分、整理从而理解世界的欲望，也需要以此理解自身身份。然而，在我们的社会中，人和人之间真正的区别来自在生产**过程**中担当工作角色的不同，但广告掩盖了真正的社会结构。广告通过对我们使用的产品进行错误的划分，以消费特定商品的区别取代了阶级的区别。所以人与人之间的区别不在于他们所生产的东西，而变成了他们消费的产品，由此产生了"拥有两辆汽车和彩电"的工人不属于工人阶级的错觉。这掩盖了不可忽视的实际阶级划分，让我们开始感到我们的社会地位取决于所购买的东西。我们社会中最本质的区分仍然是阶级，但通过使用

---

① 米克·贾格尔：英国摇滚歌手，滚石乐队创始成员之一。——译者注

某种工业制品**创造**出的阶级和群体掩盖了阶级本身。

这是一种意识上的覆盖。意识是一定社会条件下**所必要的**含义，这些含义又**使得**社会条件**得以长存**。我们渴望归属，渴望在社会上拥有"一席之地"；而这些本来就很难获取。取而代之的是我们获得了虚构的归属。我们大家都对社会存在和共同文化有实际需求。大众媒体在某种程度上能够满足我们的部分需要，也能（潜在地）给我们的生活带来正面影响。

但广告似乎又是独立个体；它在各种媒体中穿梭，使用着我们都懂的语言，语气却模棱两可。这是因为广告缺乏"主体"。显而易见，设计并制作广告的是人，然而我们从不知道这些人是谁，广告的内容在任何情况下也不代表他们的观点，因为这不是他们的言语。所以说话人的不在场使观众被拉来填补这一空缺，这也是广告的特点之一，亦即观众既是受众也是说话人，既是主体也是客体。在实践中，这像一场无名氏的演说，通过一系列关联和意象指向我们；而我们接受了这些内容之后，又开始**使用**这些说法，就好像"钻石"的例子，或者"一点金子"能"说明一切"。最终，广告进入循环运动，一经开始便自给自足。它的"运作"基于真正的"使用价值"；除了需要社会意义，我们当然**也需要**有形物质。广告赋予产品社会意义，从而使两种需求相互交叉，但都得不到全然满足。我们所需的物质产品由此代表了我们其他的非物质需求，两者的相互替代创造出了"意义"。

我将在后文中逐步阐明上述大纲与假设。通过调查**广告获取意义的方式**理解其**意识形态功能**。本书第一部分"广告的工作"力图弄清广告获取意义的过程；在这里我将多次提到并运用结构主义。第二部分"意识形态的堡垒"将分析意识背景，在此过程中人和物都会被重复利用，以创造新的符号系统。这些系统展现了意识中的人、物，以及人对物的需求。

广告挪用了我们对关系和人生意义的需求，这种需求如果未曾被扭曲的话，本可以彻底改变我们生活的社会。

解码广告：广告的意识形态与含义

1

第一篇
"广告的工作"

隐梦变作显梦的**工作**叫作**梦的工作**（dream-work）；反之，由显梦回溯隐念就是**我们的释梦工作**；所以释梦的目的就是推翻梦的工作。

梦的工作……包括将思想变为视像（visual image）……同样，梦的工作可以通过一些特殊的形式展现隐梦的某些思想和内容。这些显梦的**形式**（form）或清晰或模糊，或被分成数个碎片，如此种种。所以梦的形式不但至关重要，而且本身就需要阐释……除了梦的工作所创造出的内容之外，我们不能将任何其他东西叫作"梦"——梦的工作通过这些**形式**译解（translate）了潜在的思想。

弗洛伊德：《精神分析引论》（*Introductory Lectures on Psychoanalysis*）

能指、所指、符号

简单来说，符号是对某个人或某类人群具有特殊意义的事物，它可以是一样东西、一个词或者一幅画。符号并不仅指事物或者仅指含义，而是两者的结合。

符号包含能指（即具体事物）和所指（即含义）。这一区分仅用于分析，因为在现实中，符号永远是事物加意义。

我们必须通过弄清广告如何产生含义以及分析它的工作方式来理解一则广告。广告"说出"的东西只是它号称自己说出的，其欺骗性在于它让人相信它只是传达其背后"信息"的透明载体。当然任何广告的绝大部分内容的确都是传达信息：我们获知这项产品的某些特性，并被要求购买它。我们收获的信息大部分都不真实,而且即便信息真实,我们也常常被诱导着买下不需要的产品。产品以破坏环境为成本,并且通过牺牲生产者来获取利润。从这个角度批评广告很有道理,我也支持。然而,这种批评在很大程度上阻碍了我们真正了解广告在社会中的角色,因为它假设广告仅仅是在不知不觉中传达了一些不受欢迎的信息,并且它只看到了广告表面的"内容"而非"形式",换句话说,它忽视了"形式"中的"内容"。

"形式"中的"内容"这个自相矛盾的概念本身大概就能引起对这项假设的关注。"形式"是看不见的,它是一系列关系,是需要用"内容"填充的框架,而内容常被视为基础确切的含义。这些引申含义使"形式"和"内容"这些术语非常不适用于我的论点,因为我假设信息是通过事物、特别是重要事物本身传达的,而在这个理想的领域中存在着信息。所以我在一开始就将这一点说清楚,而我现在要定义"形式和内容"这两个术语。尽管"形式"和"内容"这两个词可以分开使用,但合并在一起就显示出了一种不愿将含义看作过程,而更倾向于将意义看作过程的最终呈现的心态。

我将用"能指和所指"这一对术语替代"形式和内容"。但这不是单纯的替换或者术语升级,而是彻底改换了重点。能指是事物,其形式隐不可见,所指是观念,其内容暗示物质。此外,尽管形式和内容常常被认为是相互分离的,它们在概念上统一为一对反义词(形式对应内容),能指和所指本质上密不可分,它们被符号绑定在一起,共同组成符号。一个符号是什么意思,需将能指与所指(也就是什么指向它)分开讨论,但想要理解这个术语,必须认识到两者其实在时间和空间上都没有分离:所指并不先于符号整体存在,也不在符号整体之外。所以我的措辞有特殊的意义:它同时强调了能指在交流中的物质性和意义性。

　　　　　　　　　解码广告:广告的意识形态与含义

下面一则轮胎广告清楚地说明了能指是如何创造含义的。

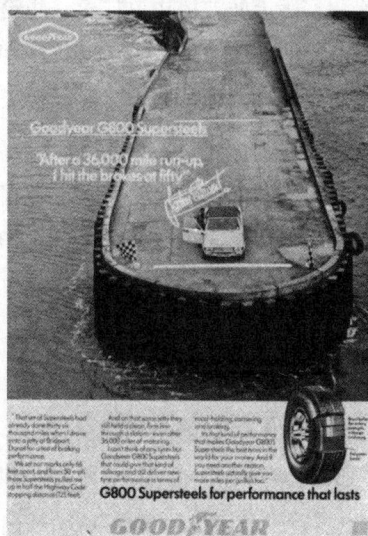

A1

A1：这则广告表面在说固特异（Goodyear）轮胎的刹车性能优秀。广告上写道："当汽车开到多塞特郡布里德波特的防波堤上进行刹车测试时，轮胎的超钢模组已经行驶 57 936 千米（36 000 英里）。我们在离防波堤边缘仅有 20.1 米（66 英尺）的地方划出标准线，汽车速度 80.4 千米/时（50 英里/时），超钢轮胎在 38.1 米（125 英尺）之内就把我拉住了。这是高速公路规定的紧急刹车距离的一半。即便轮胎已经跑了 57 936 千米（36 000 英里），防波堤一头的标线上的轧痕仍然干净清晰。"

这条信息十分理性：它描述了实验和结论，然后用逻辑论证了固特异轮胎安全耐用。

现在看向这张图。图中防波堤作为刹车性能的测试场地出现，本身带有一定危险性质（车在掉下去之前能不能停下来?），用最方便的方式让这场测量最大停车距离的实验变得戏剧化。广告中包含了理性的"科学"证明，而这项实验的作用看似仅仅是用来突出广告中的"所指"。

然而，防波堤其实是风险和危险的对立面，它的作用并不属于广告文案的理性描述带来的结果；它完全是另外一个核心内容中的次级能指，完全贯穿了广告中原本的所指。防波堤的外围仿照了轮胎的外围，弧线暗示着轮胎的形状。这种情况下我们需要在想象中进行一些调整，以将两者关联起来。实际上防波堤边也挂着一些轮胎，就在图中的右边位置。防波堤坚硬稳固，防水防锈，难以磨损——由于视觉形状相似，我们会认为轮胎也具备这些特性。图中防波堤实际上围住了汽车，将之保护在危险的水域之内——以此类推，轮胎保护着汽车和驾驶员的安全，可以抵抗自然环境，支撑住汽车。由此可见，原本只是为了展现刹车性能的广告，摇身一变成为一条低调的讯息，在无意识的层面产生作用；其中轮胎和防波堤的关联并不产生于合理依据，而是一条人为制造的基于外观、并列和引申含义的跳跃。

这则广告展现了表面含义的能指是如何在广告中自行发挥作用的，在这个过程中，能指创造出了其他并不明显的含义。"潜在"的含义并不像"表现"的含义那样，不写在字面上，更不是可供阅读的完整句子。这里有三个关键点。首先，"所指的含义"将两项内容相关联：一样东西（防波堤）的特点被转移到另一样东西（轮胎）中。这种关联无关顺序；两者的关系并不由逻辑论证，而是源于它们在同一张图片中的位置，也就是**形式结构**。其次，广告中的特点转移并不完整，还需要我们来塑造关联；广告上完全没说轮胎像防波堤一样坚固，所以这项含义产生于我们对广告进行的特点转移。第三，这项转移必须基于前一事物（防波堤）拥有可供转移的特点；广告本身并不创造意义，但它诱导我们做出转换，将一样东西的特点转嫁给另一样东西。对防波堤非常坚固的认知在含义系统中早已存在，但这个系统在广告之外，仅仅通过使用系统的一些组成部分作为价值载体（也就是通货）指向广告。

这个系统给广告提供了最基础的含义素材，好比谷子之于磨坊，我称之为"指称系统"，也就是本书第二部分的主题，我希望通过这部分说清含义产生的过程，也就是能指的工作，这是意识形态和社会惯例的一部分，同时也是更明显的"所指"。

所以我特地用了"广告的工作"这一表达，因为弗洛伊德在理解梦境时强调了"梦的工作"是一个创造意义的系统。

我想以探索广告中的所指和其系统作为开始。

第一章　符号作为通货

所谓符号,就是在某些方面或某种条件下,在一些人看来能产生某些其他意义的东西。

C. S. 皮尔斯(C. S. Peirce)[1]

那些我付钱获得的,或者说钱能买到的,就是**我自己**,亦即钱的所有者。

卡尔·马克思《经济学哲学手稿摘要》(*Economic and Philosophical Manuscript*)

指称对象

索绪尔(Saussure)认为,H-O-R-S-E(马)这一单词的概念是其所指,指称对象是会踢人的动物。所以指称对象意味着切实存在于真实世界中的事物,一般会用专门的词或者概念来描述。指称对象在符号之外,而所指仅是符号的一部分。然而广告中符号指向的外部"现实"本身就是个虚构的系统,是另一系列的符号。我将这些虚构内容称为指称系统。(参见第二部分)

---

[1]　来自作者收集的剪报:quoted by Umberto Eco in "Social Life as a Sign System" in *Structuralism:An Introduction*, Oxford:Paladin Press, 1973。

在广告 A1 里，我们看到平凡世界中的事物（防波堤）和产品（轮胎）是如何关联到一起的。防波堤代表了某种特质（坚固性），而将事物和产品相互交换后，这项特质被加诸产品之上。防波堤作为媒介，代表了一种被附注于产品上的价值，所以可以被看作一种通货。通货代表一种价值，在交换到其他物品的同时，通货将"价值"带给其他物品。这则隐喻清楚地解释了含义转换，而这些特性和含义与现实中的金钱交易息息相关。

我想将广告的视觉色彩引入本章，因为这不仅可以简要介绍我的分析方法和大多数视觉广告起作用的方式，还能展现这种作用出现的方方面面。本书为黑白印刷，但我会描述出广告的用色，下面的六例广告用色方式稍有不同，但每个案例都用颜色让广告对象和其他事物产生了语言之外的关联，哪怕有时候事物跟广告对象明显相去甚远。

A2 用颜色讲故事：图中的色彩"轴心"是两个装有螺丝起子酒（screwdriver）的玻璃杯和树后阳光构成的橙金色三角。画面将饮料与阳光相连接，暗示这种饮料温暖自然、纯净清澈。这种金色与情侣身周金色的麦田交相辉映，也预示着天然、成熟和醇厚。图中另一个色彩连接是情侣的白衣服和他们身边的白色购物袋。有人认为此处运用白色是想让人联想到"白朗姆"（white rum），但实际上这里的功能有所不同，它讲述了一个连接过去与未来的故事。白色袋子里满满的金色麦穗象征着"收获"，是已经被消费的部分，暗示着这些（现在还没被喝掉的）螺丝起子酒

A2

就在袋子里，将要被白衣情侣喝下。支持这项暗示的另一个证据是正在下落的太阳如同将要落入画中人口中的酒。就像袋子已经装满，太阳即将融入白色的天空，这两杯酒无疑会被白色的人物喝掉。

这则"故事"让广告下方的文字拥有了全新的含义。"还有空间"说的不只是环境（尽管一眼看去这指的就是图中的乡村田野），更想表达人们还有肚子喝酒。这部分主题像袋子里的麦穗一样，在于"填充"，使用的手法是消费而非延伸。重要的是广告上展现出的空间，即"故意空出"的"位置"，并不具有特殊的延伸性，因为这个位置完全是由三个白色的"消费形象"（consuming figures，即男人、女人和袋子）组成的。

这样一来，广告表现出的意思完全颠覆了观者的预想，广告中的白色是指消费者而非"白朗姆"，所表达的其实是白朗姆"还有地方可去"。空间和延展性的基本理念在这幅图中的"意味"截然相反，它表达的是包围和消耗。

A3 口腔联系："美丽的蓝"（Beautiful Blue）并不是这张广告上最重要的颜色。蓝色的香烟包装融入蓝色的工装和蓝色的购物袋，变得模糊不清。真正显眼的是穿透网袋的深紫红色瓶盖，与女孩的红唇势均力敌。重点是，嘴唇是她脸上唯一表现出来的部分：嘴之外的其他部位都不重要，因为口腔是消费香烟的器官。颜色将瓶盖和嘴唇联系在了一起，清晰得有如它们之间以箭头相接。这里

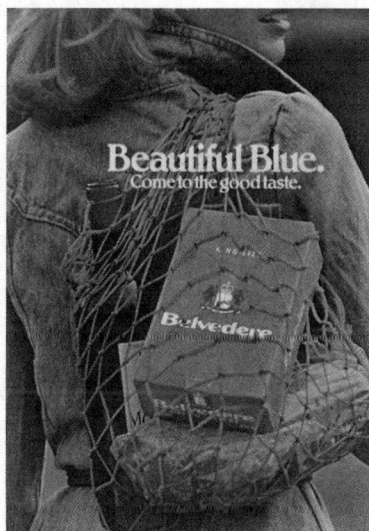

A3

明显还出现了性暗示；然而，瓶子和嘴唇的联系与香烟和嘴的联系是一致的，这正是广告的主题。广告中最重要的词是"味道"：这既是图片的

主旨,也是贩卖香烟的关键元素。

A4 连接物品与物品:这则广告浅显易懂:香烟包装的配色与那杯咖啡的配色毫无区别,都是白色加栗色,甚至香烟包装盖上的金边也与茶托边缘相互配合。这则广告的假设是由于容器(在颜色方面)一样,所以内容物的属性也相同:首先质地温和,其次暗示只有略有积蓄的人才消费得起。这杯咖啡作为"客观相关"(objective correlative),给香烟带来这些特性(详见 b 节)。

A4

A5 连接物品与世界:黑色白色加上一抹银色,流线和矩形连接着香烟包装与广告中描述的整个"世界":"兰博牌香烟"(Lambert & Butler)的世界。包装和世界的视觉关系显而易见——房间里的所有物品都是黑白两色、几何形状。但是,就像在上个例子中我们比较了两种容器,这则广告中同样有关联内容,即包装和世界。实际上,可将这两者都看作容器,只不过这里出现的不是(与杯子相匹配的)咖啡而是(与房间相匹配的)人群。人是房

A5

　　　　　　　　解码广告:广告的意识形态与含义

间的内容，就像香烟是包装的内容。所以广告上的文字直接指向了人。这段形容显然适用于人而非物，但是对物品的描述将物品与人相连："新一代优质香烟（人群）……拥有傲视其他香烟（人群）的品质。"色彩连接将人和香烟的联系通过含蓄的措辞，阐释性地引入我们的视线。然而，这里还存在另一重反转，由于香烟通过颜色和风格在视觉上被假定为广告中杰出、有品位的世界的附属品，但是用香烟命名世界（"兰博的世界"），并且夸大香烟盒在现实世界中的特征之后，我们看到的是世界和人实际上成了物的附属品，而非相反状况。在这里，产品并不产生于世界上的需求，而是创造了自己的世界，这个世界是对它自身的夸张映射。

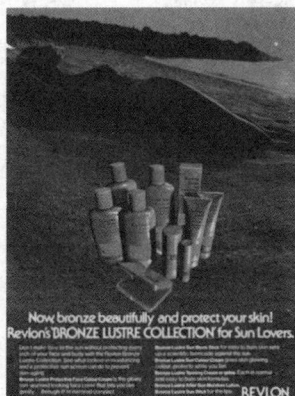

A6   A7

A6 连接物品与人：此处的产品是整个厨房，但同样，人——这个广告中的女人——被用来匹配它。白衣将她和半开的橱柜立即联系到一起，橱柜内部也是房间内白色的补充，这暗示着唾手可得。她的肤色和鸡蛋一致，发色与碗柜相配。我们再次发现尽管厨房本该用来衬托她，她却好像成了厨房里的一件物品，与铜盘、鸡蛋或者法式面包并无区别。难怪她在这里看上去束手束脚。

A7 重新着色的广告世界：最后，我用一个直接的例子来阐述色彩关联的普遍性和重要性：产品、世界和美女（消费者）的配色都被降到只剩两种(金色和棕色),这是典型的对世界的操纵和重述,借此将三维世界与二维广告相连。这张广告与之前的所有广告一样,从平凡世界中选取了一些特定的元素、事物或者人,然后根据产品对它们进行重组和修改,虚构出新的世界。这是所有广告的核心:选取构成我们"真实"生活的事物来生成某种新的广告语言。这种语言中的描述(在这里表现为金色和棕色、青铜光泽等信息)是虚构的;在我们看来,它们之间的巧合和色彩过分呼应,以至于显得很不真实,而这种表达方式(在这个例子里运用的是颜色)**正是**虚构。

运用色彩是图片广告中让产品和其他物品产生关联的常见手段。本书主要研究杂志广告,这比电视上或电影院里的广告更容易再现。我分析 A2 到 A7 只是想唤起读者对这种手段的注意。运用色彩不是重点,由色彩产生的关联才是本书理论的根基。科技媒体的特殊性绝不能和广告的通用属性混为一谈。例如在荧幕上,联系产生于剪辑、转场(即以镜头为视角的画面交替显现)以及其他技巧。在一则电影中场放映的广告中,一个女孩腾空跳跃,然后镜头切换衔接成一块向上弹起的巧克力——这样一来尽管换了主体,动态画面仍在继续。这里剪辑的功能和前列广告中的颜色一样,都在创造联系,关键在于所有媒体上的所有广告都在通过形式手段,不拘于表面所指,而是通过能指创造联系。

以上广告展现了这种人造关联的存在,接下来我将开始使用我的理论说明为什么要创造这些关联,以及了解联系如何产生意义。

(a) 区分

不同品牌制造的同类产品,例如洗涤剂、杂志和手纸等,其实相互之间的区别不大。所以广告的首要功能就是创造出该产品与本分类中的其他产品的区别,具体方法是赋予产品"形象";这个形象只有在这项**产品**成为区别系统的一部分时才会成功。任何事物的特征都依赖于它与其他东西的不同点,而非相同点。事物之间的界线通常就是区别,而大多数产品之间不存在"天生的"区别。这体现在**一类**产品有时会通过相同的"形象"打包或者在"同一范围内"进行营销（参见全书）。这类产品通常有名字，比如"美宝莲"或者"春之花束"（Spring Bouquet）等：明显，特性的产生很随意，因为在同一个厂家生产的两个相同的产品会被冠以不同的名字和形象。如果两瓶不同的洗面奶用了同一个名字——"OG 彩妆"（Outdoor Girl）或者其他类似的名字，但第三样显然相似的产品以别的名字出现，我们会预期它具有别的特性。这就证明大多数产品之间没有合乎逻辑的界线。瑟夫（Surf）和达斯（Daz）核心配方相同。显然，有些商品具备独特品质和专门用途，但它们一般不需要大规模投放广告。广告只会出现在看起来区别不大的商品里边，比如香烟、玉米片、啤酒或肥皂。

我以一系列香水广告为例来说明"形象"的产生，因为香水**可能**不具有特殊性。以下两款香水来自同一厂商。这种广告无关产品的真实信息（一种气味还能被描述成什么样？），因而区别完全来自将产品与广告之外的形象相关联。

A8：凯瑟琳·德纳芙的面庞和香奈儿香水瓶的联系不在于文字描述，而在于并列摆放：但两者之间并不**需要**直接联系，两者的位置关系构成这则广告的语法，将两者放在一起就**预示**着它们表达了相同的意思，尽管它们之间只有随机关联。面庞和香水瓶没有内在联系：凯瑟琳·德纳芙**自身**和香奈儿 5 号无关，而两者之间的关系在于凯瑟琳·德纳芙的脸**对我们来说意味着什么**，香奈儿 5 号想表现的属性就是什么。

A8

这则广告将两者之间的含义转移,以既成事实的面貌呈现给我们,就好像它只是在展示两样含义相同的事物,但实际上含义转移只存在于这则广告之内。只有当香奈儿5号和凯瑟琳·德纳芙的脸因为这则广告关联到一起时,这款香水才能分享凯瑟琳·德纳芙的"含义",或者说形象。所以凯瑟琳·德纳芙这张脸在杂志和电影中所代表的含义正是香奈儿5号作为消费品想向世界传达的含义。这则广告用的是另一套已经存在的虚构语言和符号系统,以使得该系统中的能指(凯瑟琳·德纳芙)和所指(魅惑、美感)的关系合理化,从而通过相同的关联系统使产品也具有这些属性。这样一来,香水代替了凯瑟琳·德纳芙的面孔,得以彰显魅惑和美感。

将一个系统的结构运用于另一个系统,或者转译为另一个系统的结构的,是一个在转译时必然引入中间结构、涵盖各种系统的系统或称"元系统"(meta-system)的过程:这就是广告。广告时常在含义系统之间相互转译,从而构成了庞大的元系统,其间,人类生活中各种领域的价值变得可以相互替换。

故而广告的作用并不是给香奈儿5号杜撰含义,而是在转译我们已知的符号系统中的含义。因为凯瑟琳·德纳芙拥有符号系统中关键的"形象",所以她才被用来创建香水的意义系统。

如果她不是一个以法国风情闻名的电影明星,如果她对我们来说并不**意味着**什么,她的脸和香水之间的联系便毫无意义。所以作为语言学通货来推销香奈儿的不是她的容貌,而是她的容貌在符号系统中所代表的完美无缺的法式美人形象。

将形象赋予产品的符号系统叫作**指称系统**,符号被从中抽离,放进广告中(在上文例子中即凯瑟琳·德纳芙的脸),然后**反过来指向此系**统。仅仅知道凯瑟琳·德纳芙是谁不能让我们看懂这则广告。其他文化环境中的人或许知道凯瑟琳·德纳芙是模特外加电影明星,但依然不理解她出现在此处的意义,因为他们无法完全了解整个指称系统。同时,只有当这个系统用于**区分**时,符号才会起作用:含义本身是空洞的，它指向区别而非"内容"。广告系统只是把指称系统的形式和结构据为己有。广告有价值的是外部元素之间的关系和区别，而非这些元素本身。指称系统中元素和产品之间的联系产生于这些元素在整个系统中的位置，而非其固有特性。所以凯瑟琳·德纳芙的重要性来自她不是其他人；比如玛葛·海明威（Margaux Hemingway）。

A9 宝贝（Babe）：这则广告的"形象"冲击力正是来自 A8 这种广告的存在，因为它能够"踢走"凯瑟琳·德纳芙这类稳重的形象。这款新香水名为"宝贝"，发布时启用了"新星"玛葛·海明威。她的新奇、年轻和"假小子"风格只有在与传统的香水模特的"女性化"风格对比时才会显得富有内涵，而这种形象也被转移到了香水上；这样一来，这款香水与其他香水相比，也会变得新奇而

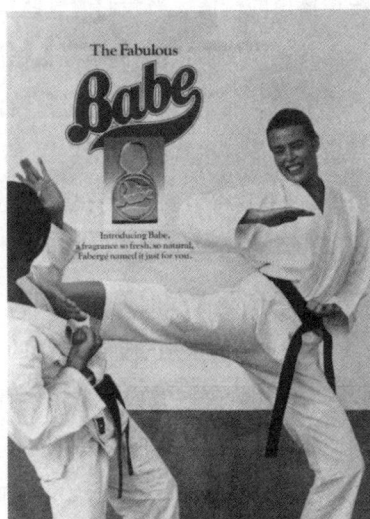

A9

"清新"。如果不是**其他**香水广告上的女人都穿漂亮裙子、顶着精致的发型，而玛葛·海明威穿着空手道服剪着男式发型，这则广告便没有意义。然而，这里的含义并不产生于广告系统**之内**：当模特表现出强壮、"自由"的形象（在"宝贝"的电视广告中，玛葛·海明威在修车，而她的男友在旁围观），而非被动、"女性化"的形象时，这则广告就包含了"妇女解放"和"打破惯例"的潜台词。即便不提形象塑造，这则广告的根本含义仍旧依赖于对比，之所以女人练空手道显得特别，是因为大多数女人都**不**做这种事（见第八章）。

所以这张广告中"玛葛·海明威"形象的**固有意义就来源于她不是凯瑟琳·德纳芙**，如此一来，"宝贝"香水在同类商品中获得了独特的地

位,突出其形象新颖(与以往香水都**不同**)、独树一帜。广告使用了社会中"女性"和"自由"这一对矛盾体,以两个模特为所指,展现出了两种商品之间的区别。

在时尚和宣传的虚构系统中,凯瑟琳·德纳芙和玛葛·海明威相互区别,而且只有在成为与对方相关的符号时才有价值。正如索绪尔所说:"那么,在所有案例中,我们发现的不是预先给出的**构想**,而是系统传播出的**价值**。当我们说这些价值对应的概念,我们要认识到这些概念并不仅仅独特,它们不是根据内容进行肯定定义,而是根据它们与系统中的其他条目的区别来进行否定定义。它们最精确的特点是它们具备其他条目不具有的属性。"[①]所以正是凯瑟琳·德纳芙和玛葛·海明威(这里我将她们作为符号而非女人来讨论,这就是她们在本书中的作用)表达含义的差别使得她在广告中具有价值。广告使预先存在的差别系统在形式上的关系合理化。它们使用存在于社会虚构(social mythology)中的区别来创造产品的区别:这看上去像是反过来的"图腾崇拜",即用**物**来区分人类群体:然而广告中的区分过程是双向且共时的。我将这个过程中的元素拆解开来,是为了清晰理解重点放在产品的区分上,而"图腾崇拜"和人群区分则在下一章讨论。

广告与其他系统中区别的并列关系可以看作一道简单的等式:凯瑟琳·德纳芙相对于玛葛·海明威等于"香奈儿5号"相对于"宝贝"。所以原始等式如下:

凯瑟琳·德纳芙≠玛葛·海明威

↓

香奈儿5号≠宝贝

此处,两者的联系在于它本身"不是"什么。

甚至在香奈儿内部又有一项有意思的细分。

---

① Saussure, *Course in General Linguistics*, quoted in *Saussure* by Jonathan Culler, Fontana, 1976, p. 26.

A10:这个形象处于凯瑟琳·德纳芙和玛葛·海明威之间。这个女人"机智、自信"（所以**产品**"**强势**"——典型的拟人），但仍然"压倒性地女性化"。香奈儿必须区分 5 号和 19 号；而区分的方法就是用凯瑟琳·德纳芙的"经典"女性风格和这则广告中强势但依然"女性化"（不过没有空手道那么极端）的模特来创造区别。但同时，香奈儿这两件产品都必须带有区别于其他品牌产品的光

A10

环，所以两个模特都是非常典型的"法国女性"。相对的，"宝贝"玛葛·海明威则更加年轻、美式，更为"张扬"。

之前提过，一组人之间的区别比个人之间的区别更能展现产品的特点：凯瑟琳·德纳芙代表了有关"香奈儿 5 号"和她形象的一系列产品。

A11:这完美展现了反向"图腾崇拜"；凯瑟琳·德纳芙这个人（或者说她的形象，也就是她的指向），被用来捆绑一套不同的产品。这些产品的特性聚焦在她身上，所以香水和"牛奶浴"之间的区别被消解了，而这款香水和其他制造商生产的香水又得到了区分。这说明在某种程度上，广告中一组特性是具有任意性的。不同**类别**的事物在这里被赋予了同

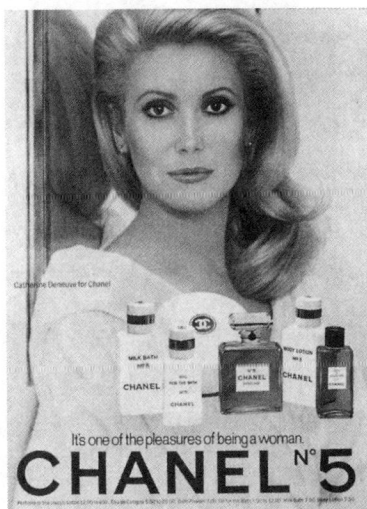

A11

样的含义,而相同的事物,也就是香水,产生了形象的区别。

区别本身就是联系;但是广告系统不是一开始就创造了这些区别,而是通过联系两者,在广告系统的结构中获得了这些区别。

(b) 已建立的联系:"客观相关"

将两个系统以上述方式连接起来所得到的结果是已经产生的联系,或者说拥有逻辑基础的联系。这个结果在关系方面很快获得了"客观"或者独立的地位,因此不再作为一个系统中的一部分而存在,而是作为自身存在:

$$凯瑟琳·德纳芙(\neq)玛葛·海明威$$
$$\parallel \qquad\qquad \parallel$$
$$香奈儿5号(\neq)\qquad 宝贝$$

显然,"结果"并不是如我暗示那般暂时发生在第一重联系建立之后:我只是试图揭示广告含义产生过程中的逻辑。广告通过系统的**逻辑**获得含义,而逻辑只出现在区别中(没有人会费尽心思来为一件与市场上其他同类商品毫无区别的产品树立"形象"),这个系统**表现为**"逻辑"关系和相似性。一段时间过后,我们自然而然地开始将凯瑟琳·德纳芙与香奈儿相连,而这无可避免地让

The Outspoken Chanel

EL Nº19

about a fragrance with that kind of style?

Eau de Toilette 8.00 to 35.00, Eau de Cologne 5.50 to 14.00, Bath Powder 7.00

其中关联显得"真实"且"自然"。所有广告都是这样,尤其是那些强调自然和科学(也就是需要客观性)的例子,因为"自然"和"科学"在社会中,或者在它们自身的意识形态中就代表着一种客观的状态。("自然"

解码广告:广告的意识形态与含义

和"科学"将在第二部分"折射系统"中讨论。)所以我们又一次发现广告的**形式**是意识形态的一部分,同时具备所有意识形态的根源:错误地假设的某些事物本就如此(在这个例子中,某些事物之间具有关联是因为它们在广告中**被摆放在**一起等),在某种意义上是自然的,而且存在即"合理"。所以当广告将两样东西并排放置使它们并存时,我们并不会质疑这是否有道理。广告的形式,以及它们通过我们接受此形式中的暗示从而产生意义的过程,是意识形态的重要组成部分。胡编乱造(比如脸和瓶子之间不合逻辑的并列)被隐去,这也就是为什么我们必须阐述这个领域中一些看上去非常基础,或者一眼看上去显而易见的内容;此外由于此处的合理性是通过**事实**简单推断出来的,而"事实"这个有魔力的词最初的意思仅仅是"已经发生的事"。凯瑟琳·德纳芙的脸和一瓶香水**产生联系**显然是事实,但不能说这种关联确实(逻辑性地)**存在**。嵌在**形式**中的意识形态是最难察觉的。这就是为什么必须强调**过程**,因为过程消解了**既定事实**。

形象、观念或感觉由此附着于特定商品,这些感观使得其他系统(具有"形象"的事物或人)中的符号被转移到产品上,而非从产品中产生。我们的感知绕开了作为中介的物或人;尽管产品因此获得含义,但我们看到的是含义早已存在,而且我们很少注意到被关联在一起的物和产品之间没有本质上的相似性,只是被放在一起而已(这就是形式的重要性)。所以产品和形象/情绪一同进入我们的意识,而我们往往意识不到这些联系产生的过程。

然而,内在的思维和感觉与外在的"客观性"之间的联结在含义创造(虚构故事)中至关重要,而对这种联系的需求属于基本需求。艺术的功能就是创造这种联系,在主观和客观、个人与普遍之间的浪漫深渊上架设桥梁:"艺术"看似升华了我们个人经历中的感受与观念,使感受与观念抛弃个人属性、获得"客观"意味,不再依附于主体的平台。T. S. 艾略特将这种"联结"或者说艺术上的相关描述为"客观相关":"艺术唯有通过'客观相关'表达情绪",也就是说,**一套客体**、一种状况、一系列事件组成这种特定情绪的公式；一旦通过感官体验外部现实，这种情绪就会立刻被调动起来。[①]

现在为我们提供显而易见的"客观"关联和"含义"（鉴于艺术渐渐丧失了表意能力）是媒体的工作，他们也做到了。艾略特作品中暗示的公式化反应在无数电视节目的老套仪式中得到展现；"好家伙"（Crakerjack）铅笔会被当作快乐的客观相关，因为一提到"好家伙"，观众就会发出愉快的尖叫和欢呼。而布鲁斯·福赛斯（Bruce Forsyth）[②]在《世代游戏》（The Generation Game）[③]中突然暂停笑声就是在致敬这种无法解释的"快乐"。广告同样在于激发情绪，但不是直接激发，而是通过一种激发情绪的**许诺**。事实上，这种情绪反馈出于形式，鉴于广告从一开始就是作为能指而非所指给予产品含义。

借助创造感觉和物体之间的联系，广告为情绪提供了"公式"。这些联系建立在**区别**之上，需要被分开看待。这些联系从系统中孤立出来，离开它们获得价值的地方，变成事实，与"自然"或"客观"相关。广告的手段是将感觉、情绪和属性连接到有形的物体上，将**高不可攀**的事物关联到**触手可及**的事物上，以此再次向我们确保前者也是可以够到的。声称某些东西可以构造出快乐等精神状态不是什么新鲜说法（参见第六章"魔幻"）；艾略特认为这是**所有**诗歌技法的症结，因为只要关联存在就**万事大吉**。而广告的新颖之处**在于**情绪创造的中心仪式是购买和拥有，从而取代了广告，成为其指称对象。激发情感的不是广告，广告只激发了情感产生的**念头**；广告将情感作为符号，指向产品。但是当你**购买**产品时，被许诺的情绪也会随之而来。所以感觉和产品变得像能指/所指一样可以互换：但是，经过"区别"变为"相关"的过程并非

---

① T. S. Eliot, "Hamlet" in *Selected Essays*, Faber and Faber, 1932, p. 145.

② 布鲁斯·福赛斯：英国主持人，主持过《世代游戏》等游戏综艺节目。——译者注

③ 世代游戏：英国 BBC 制作的游戏综艺节目，来自同一家族不同世代的两个人组队与其他家庭竞争以赢得奖品。——译者注

解码广告：广告的意识形态与含义

纯粹输出，而是一个双向过程，所有含义都同时参与其中。然而，就像产生于区别的联系在区别系统中（暂时）**变得**孤立，为了清楚地解释这个过程中的逻辑，在第一章的最后四节中我将让产品和与其相关的感觉/事物/人之间的关系转化为线性形式。

(c) 产品作为所指

产品本身没有"含义"，所以必须从一个对我们来说已有价值，也就是说已有含义的人或物上获取价值。所以在这一阶段，关于这个产品的内容是所指，而相关的事物或者人则是能指。以下广告都是产品**获得**含义的例子；A12 和 A13 中相关的是简单的物体；A14 像 A8 的凯瑟琳·德纳芙一样，以人作为相关；A15 使用的相关重要之处在于潜在的不在场，A16 则是一个由于过度强调产品而没有抓住相关的"形象"，导致关联过程打败了其本身的例子。但所有这些广告连接两个物体（即便其中一方是人）的方法都是相同的："相关"作为中介联系着抽象的属性和产品（产品即第二个物体，与抽象属性隔层相关）。香烟这种产品本身"不具含义"。

A12：约翰·普列尔（John Player）香烟的广告运用了颜色搭配的手法，以豪车为奢侈的客观相关，并将之关联到香烟上：香烟盒的米色和黑色与汽车的颜色相同。毋庸置疑，香烟本身并不"是"也不"代表"奢侈，但豪车是经典的奢侈品，这就**象征**着这款香烟也很奢华，因为汽车的价值被附加到了香烟上。

注意看这张广告的布局。我

Some luxuries are easier to enjoy than others.

John Player Kings. A taste of luxury at 35p.

A12

在之前通过图片概述了广告中含义是如何转移的，这张广告完全贴合了我所描述的过程。广告标题影射了两种不同的奢侈：容易享受到的，难以享受到的。它制造了一条信息，即广告上所有的东西都是奢侈品。这则标题在广告的两个"内框"之外，它同时隐射着两者，将它们相连，建立了两者之间的关系。所以标题不放在任何一个内框里是合情合理的。

现在观察一下画面上两个相同的"内框"，或者说广告中分别放置两样"奢侈品"的位置。豪车即表意对象（signifying object），是普列尔香烟的**对应物**（*apposition*）。广告中的两者地位平等，同时出现，并列放置，占据相等分量的空间。

但是汽车越过了**它所属的**长方形区域，**介入**香烟的方框。汽车踏板的曲线向下延伸靠近香烟，而曲线的轨迹延续到香烟包装上的米色弧线里。所以汽车同样将两者**连接**到一起，它被推入香烟的空间里，就像它的含义被推到了两者之上：豪车的布局和价值都出现了转移。所以这里暗示了："这个和那个都是奢侈品，但为了防止你不信，看看**公认的**奢侈品是怎么向未知同类伸出援手的。"

最后我们得出结论，"约翰·普列尔王者——一种35英镑的奢侈口味"这句广告语写在下层的香烟方框里，顺应了这则广告的运动曲线。这样做也有意义，鉴于这条概括语存在于两个内层方框之外，这句分别指向两者的话出现在了恰当的框里。

所以我们看到的是整个广告在形式中的表意过程，是对能指的安排：为什么需要两个内框，如果不是为了转移其含义，为什么汽车会越过框线，为什么会有相同的色彩搭配？答案并不在于"美学"和"布局"本身，而在于价值和意义的转换。

A13：在贝莱尔（Belair）的广告中，我们一眼就能看到新鲜美味的食材，然后就开始依靠这则讯息的准确性来预测会出现的另一种口腔愉悦，也就是贝莱尔香烟同样口感清新。香烟怎么真的会"清新"？之所以看似如此，是因为黄瓜上的露珠。

解码广告：广告的意识形态与含义

这张香烟广告和 A12 以及 A4（其特性是温和）用的都是广受认同的关联物——汽车代表奢侈，黄瓜代表清新——然后依次卖给我们一个未经认同和验证的客观相关。我们必须跳过可信度，而被认同的关联物则是我们的踏脚石。贝莱尔广告中的文字没有声明任何内容：它们只是摆在两样物品旁边，而既然我们认为这些文字与其中一样物品有关，为什么不能认为它们与另一样物品也有关？

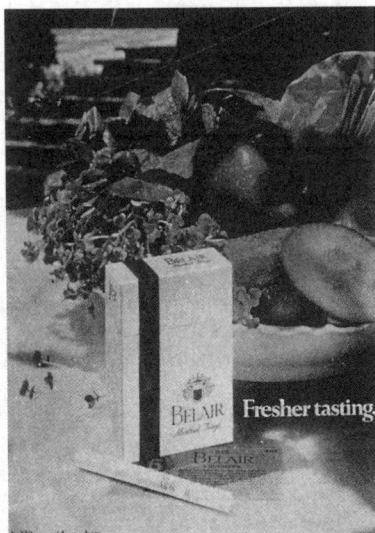

A13

A14 桑德森（Sanderson）的广告意味着其产品有幸拥有了一项关联着某个人的生活方式的含义，但这种含义又能通过广告产生。

A14：桑德森的系列广告——"非常（某个明星），非常桑德森"展现了用自身之外的某物/某人来占有人格的浪漫主义倾向：（"耐莉，我是希斯克利夫！"[①]）——一种情绪上的相关。在广告中，苏珊·汉普歇尔（Susan Hampshire）就是桑德森，桑德森就是苏珊·汉普歇尔：两

A14

---

① 出自《呼啸山庄》，艾米丽·勃朗特著。

者通过在广告中并置获得了语法上的相关。广告的理念是产品可以**成为她**,产品的特性与她融为一体,说明了"客观相关"能走多远:你能透过某个人家的墙纸看到她本人。但苏珊·汉普歇尔是**作为**相关物来**赋予**墙纸含义的:她是个代表着精致、引人注目、受人渴求的存在;而墙纸通过关联,也变得精致、引人注目、受人渴求。她的"个性"是所指;而墙纸经过指称后同样拥有了这些"个性"。

然而,广告的措辞中还有更深的暗示:墙纸达成了目的,它非常苏珊·汉普歇尔,**同时**非常桑德森,这意味着桑德森拥有了自身的形象和特质,并且通过完美的妥协,这种品质还能适应另一种形象,即一个个体的"个性"。但首先是桑德森获得了这种形象。措辞将苏珊·汉普歇尔和桑德森**区分开**,但又经由墙纸**结合**起来:事实上两者是相同的,结合点是苏珊·汉普歇尔,因为是她的形象创造了桑德森的形象。但矛盾之处在于,苏珊·汉普歇尔的个人表达作为绝妙的载体,成了一种我们用每平方米多少钱就能买到的东西。

我再举两个复杂一点的含义转移例子:

A15:这则广告将陈词滥调和不可信度关联到了一起。戒指和新娘头纱代表了婚姻,而两张照片中男性强有力的手代表了"承诺、信心和保障"。照片十分老套地表现了这三个词,还展现了这些词在社会中的相关含义。但广告的要点在于打破男人提供的"自信和保障"……"未来并不稳定……现在和以后都需要加固"。将保障和承诺男性化的老生常谈被揭露开来,让哈利法克斯(Halifax)成为必需品。但同时,广告的画面、手和戒指等,也从字面意义上破坏了婚姻的保障,同时又老套地表达了哈利法克斯可以修复这些承诺、信心和保障。这则广告在一个层面上突破了能指的陈词滥调,又在另一个层面上将之物尽其用。

A15a   A15b

A16：这类广告的最后一个例子试图冲击我们对相关的认知。波特贝罗路跳蚤市场（Portobello Road market）是潮流，街上那些（在高价区买东西的）人显然过着波希米亚风格的奢华生活。如果我们喜欢这个古董市场，或者说喜欢这种昂贵的时尚，我们就应该喜欢这辆车，因

A16

为这里存在相关:汽车年轻、大胆、高雅又不过分沉闷(至少我们这么认为)。但实际上这辆车看上去不该在此,它与周围环境不协调,而且明显它停在这里会堵住所有人的去路,造成交通堵塞。(也许这象征着车主的生活方式。)在我看来,这两样不同的东西之间的联系不太成功。和 A13 中的贝莱尔一样,标语就是联系,表面上说的是鉴别古董,实际上显然想指向汽车。(广告中的一语双关用法具体在第三章进行讨论。)

由此作为能指的市场没有成功地将其含义转入汽车;这辆车太浮夸,它本身就是能指,而且指向的含义与(满是路人的)市场**并不完**全相同。这里汽车能从市场获得含义的唯一方法就是对比:通过指向与之相悖的某种含义。

在 A16 中,产品开始摆脱所指的从属地位,也不再单纯地接纳含义。

(d) 产品作为能指

当产品获得了从另一种东西上转移而来的含义,下一步就是让其**本身具有意义**。最初它反映某种外部客体,但很快它就会开始代表这种客体。

A17 展现了一件商品从所指变为能指的过程。

A17:这里,人物**从字面上**反映了产品,让人联想到一种富裕的"品质"生活(呼应"精英",亦即上流社会)。不过这种影像仿佛水晶球,因为大多数人买香烟不是用来反映他们的生活状态,而是要创造一种生活状态。如果我们买了"约翰·普列尔特别版"来反映自己这些人可以是我们。

产品可以通过成为生活的配件来与生活方式联系到一起,从而象征这种生活,比如汽车广告以"你的生活方式需要许多汽车"开始,以"迈可适(Maxi):更是一种生活方式"结束,用汽车指向生活方式。

所以产品和"真实"或人类世界在广告中联合起来，显然产品一开始靠依附现实来获取含义，最后自然而然地"取代"了现实。由于产品与符号相融合，它也吸收了原本用来将其含义转述给我们的"客观相关"，最终产品成为符号本身。

例如，"豆子就是亨氏"（Beans means Heinz）：亨氏已经成为现实中人们一提到豆子就能想起的垄断产品，这条标语原本

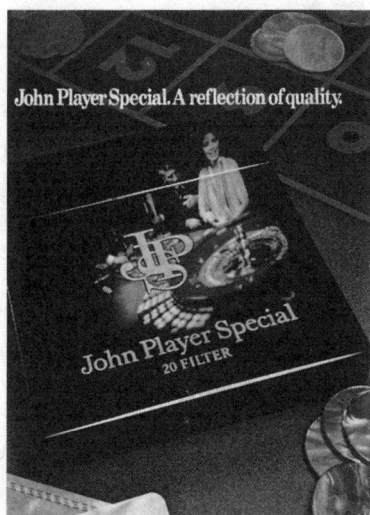

A17

是用来**解释**"亨氏"产品的：也就是说，"豆子就是亨氏"本应该是"亨氏就是豆子"。这句口号颠倒了环节顺序，一旦亨氏这个品牌名称被看作所指，豆子就成了其**所指**——"亨氏就是豆子"就将豆子作为先决现实；但现在所有豆子都依附于**能指**亨氏。这就成了"狗都是动物"和"动物都是狗"的老话题。"豆子就是亨氏"和后者如出一辙；原本外部现实中豆子是能指，将其含义赋予亨氏，但现在亨氏将含义据为己有：最终亨氏产品成为能指，指向现实。

吉尼斯（Guinness）广告写道："和乡间小路一样长"，广告上一端的路标写着"吉尼斯 3/4 英里"，另一端是"吉尼斯 5 又 1/2 英里"。原本用来或者可以用来（这是推测的）在现实中给产品提供含义的内容被产品吸收，并且成了现实内容的所指：于是现实**就是**吉尼斯。现在是吉尼斯在表意——它是路标上的符号，标示着距离。本来路标应该表示"真实"距离，用来**说明**吉尼斯是大杯饮料——吉尼斯就成了所指。但现在它自己成了能指，指向距离。

(e) 产品作为生产者

产品代表一种抽象特性或感觉,也许还可以创造或者**成为**那种感觉;它不仅可以成为"符号",还能成为符号真正的**指称对象**。产品**代表**喜悦是一回事,产品**成为**或者创造喜悦则是另一回事。产品永远是广告内部的符号:只要你没有拥有或者消费它,它就依然是一个符号或者**潜在的**指称对象;但一旦买下/消费了该产品,指称对象自身的情绪便得以释放。浴油可以代表兴奋,在广告中它最多**能**达到这个程度,而且必然要依赖于符号,但指称对象是真实的事物。然而广告可以将产品作为生产者,只要用它自身叙事,我们就会相信产品可以**创造**出它所**代表**的情感。"用宝滴(Badedas)洗过澡就是不一样。"(这句话本质上言之无物——用宝滴洗过澡之后怎么会**还跟之前一样**?——但广告的叙事材料掩盖了言之无物。)

更简单地说:产品只能通过两种方式与情绪指示物联系起来:你感到开心所以出去买一盒巧克力;或者你感觉开心是因为你买了一盒巧克力:两者不是一回事。前者中巧克力没有伴装它"不仅是"符号,巧克力确实代表了某些东西,但从感觉角度来说它带来的感觉是你本身就有的。巧克力是表达感觉的**符号**,是**指称对象**。而一旦产品开始创造感觉,那么它就超出符号之外,进入指称对象的领域,开始在现实中活跃。A18 展现了产品会如何影响我们的感觉。

A18:杯杯香(Babycham)发泡酒不只是(反映了)她的**感觉**,更是她**想要**的感觉。酒代表了她渴望的状态,而喝下这杯酒可以让她达到理想状态。产品作为客体,开始不仅单纯地反映一种既存感觉,更代表了等量的深受渴望的感觉:"**这正是**我想要的感觉。"这两种概念有天壤之别,因为当产品作为客体反映抽象特质时,可以较为适当地反映出抽象特质的某个方面,而不会因为其自身局限,试图弱化整体的特质或者感受。

解码广告:广告的意识形态与含义

一旦像 A18 中那样出现产品领先于感受的情况，产品就会束缚这种感觉，从而出现两者合二为一的危险。结果就是不仅听上去，而且感觉上也会老套。幸福就是用香波洗过的头发，愉悦就是一杯香槟。就像巴普洛夫的狗，在很长一段时间里，人们看到一种产品就会条件反射地联想到一种特定情绪，产品独立**创造出**并且"成为"了这些情绪。"客观相关"一度被用来**引发**无法定义的特性，而这种扭曲使得它最终**成**了特性本身：将一切等同于有限的物质。"幸福就是名为哈姆莱特（Hamlet）的雪茄。"一样"东西"和一种抽象概念的关联让它们在现实生活中等同起来。

A18

接下来 A19 这个例子同时展现了含义/创造过程的两面。

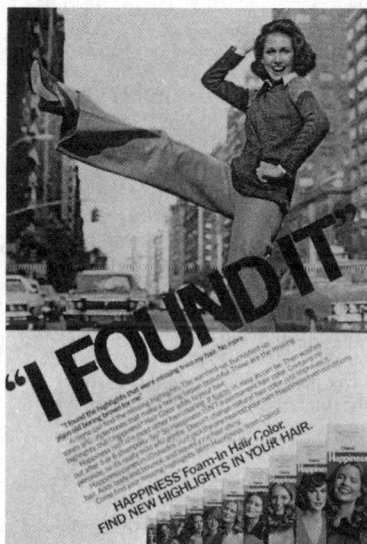

A19：这则伊卡璐（Clairol）广告值得细看，因为实际内容完全颠覆了其表面含义。"我找到了"，她说，产品的名字就叫"幸福"（Happiness）。看到广告的人可能会立即认为她找到了幸福，因为广告的措辞，也因为她 脸狂喜地在街上迈开舞步，而"幸福"的感觉就是她"找到"的东西。但实际上在广告的小字里她接着

A19

告诉我们她找到了什么:"我找到了头发里失去的光泽。"我们这才知道,在字面意思上,她用了"幸福"(产品)之后获得了新的发色。但广告实际传达的信息与之相反:她通过新的发色**收获**了幸福(感觉)。发色作为产品本身,成了获取其他东西的手段,而这里的关联极其简单,因为你可以同时得到"幸福"牌染发剂和幸福。所以产品不仅代表了情绪经历,更**创造**并**成为**经历本身:其作为符号和指称对象的角色同时瓦解。

(f) 产品作为通货

A19 展现了如何通过设计使产品与感觉相互替换。当两样东西能够互换,它们的价值由此相等,也就会成为彼此的通货。当然,"幸福"牌和幸福只是**看上去**可以互换。它们在符号层面上成为了货币。但由于此类交换价值是通过**象征**产生的(伊卡璐代表幸福/幸福就是伊卡璐),所以只有在实际买卖中才会产生。幸福牌发色代表了**通往**幸福的渠道;所以这是用来购买幸福的货币。产品提供了金钱和情绪之间的通货,因为它分享了两者的价值:一方面,它有真金白银的**价格**;另一方面,它作为符号也有价值,能够代表或取代幸福感以及其他感受。

所以就像外界客体可以"购买"产品,产品也可以在字面意义上买到外部世界的状态。

A20:洗面奶这种产品一般来说卖的是使用价值,但广告中表现的是其交换价值,也就是通过购买它能获得什么别的东西:在这里,简单粗暴地来看就是男朋友[或者像安妮·弗兰奇(Anne French)广告里的三个男朋友]。它在一个层面上产品代表着它自己、它的可用性,同时在另一个层面,它完全不是自己,而是一种货币,可以用来购买无形的或者难以得到的东西。

这种广告将产品与它能买到的爱情、幸福等二级"产品"联系在一起。"钱买不来爱情"——但是洗面奶可以(而钱可以买洗面奶)。

A20

　　这样一来,产品可以买来你买不到的东西。它们由此**取代**你,为你做你做不到的事。有一则冷冻蔬菜广告写道:"鸟眼(Birds Eye)豌豆用尽办法吸引你的丈夫。"广告推断**你**会想尽办法吸引你的丈夫。女人和鸟眼豌豆开始相互替代;豌豆代表了女人做不到的事,它和女人目标相同:让她丈夫将注意力集中到晚餐上。她必须买豌豆,让豌豆为她买到爱情。豌豆可以与她相互替换,也可以与爱情相互替换:它的含义可以成为她的含义。

　　本章分析了符号是如何作为通货来转移含义的,这种转移运用了广告**之内**指称系统和产品的交易,也运用了广告**之外**的交易,也就是买卖。但是，由于**后者**的交易往往同样表现在广告中，所以这一系列交易是通过广告形式得以进行的：当用时间逻辑表述交易时，形式便成了叙述话语；"用宝滴洗过澡就是不一样"；而当交易被假定为两样东西的并列时，既定逻辑就会为它们赋予相同的价值。但这两种情况中，形式过程想要起作用，就不能被限制在广告的封闭环境内。

　　　　　　　　　　　　　解码广告：广告的意识形态与含义

第二章 与人对话的符号

意识形态是个体在现实生存条件下幻想出的关系……

……这种幻想关系的存在本身具有实质性。

意识形态将有形个体"构建"成主体,这种功能即其定义。

路易・阿尔都塞(Louis Althusser)①

主体;指名

根据《牛津词典》②,主体是"有意识的自我"。我用这个术语来描述认为自己存在于连贯自我中的个体。指名(appellation)简单来说就是意识形态机构(ideological apparatuses)的生效过程,例如在"嘿,你!"(Hey, you!)这句话中,被指名的人即"主体"。

符号代替物品,成为对人来说代表某些含义的东西。但只有**针对**具体主体时,它才有意义。所以任何符号的表意都依赖于确切、具体的

---

① "Ideology and Ideological State Apparatuses" in *Lenin and Philosophy and Other Essays*, New Left Books, 1971. 阿尔都塞介入马克思主义理论,认为意识形态是一种物质实践("国家机器"),为复杂的马克思主义的理论意义以及具体代表结构提供了重要的空间。

② 第三版。

接受者,也就是这些符号只能**针对**具有某些信条的人群才能产生意义。此外,在确实取代某种事物的**过程**中,符号只是符号,换句话说,符号只能**被**某个人或者人群转换成事物。正是"针对某个群体"和"被某个群体转换"之间的辩证使得意识形态保持生机。

我们已经讲解过了广告中的含义交换。一件物品"替换""代表"了一种形象或感受,然后产品"替代了"这个物品的角色,由此挪用了这种形象或感受。然而,这种描述让人觉得仿佛是产品和物品自行完成了交易。基于上述定义,符号对我们来说肯定具备含义。因为含义取决于我们,这种转移显然同样必须依赖我们的协助。所以,根据上一章内容,如果广告想要成功地将产品从所指变为能指,就必须进入受众的空间,由受众完成循环。循环一经开启(如阿图赛所说"向来已然"开启),"含义"显然就会持续自主流转。

所以,检验符号和符号系统无可避免地涉及不止一项对系统本身的结构分析:这种分析作为指称关系的共时再现,显得难能可贵,但是想要探寻这些关系的驱动力,我们必须进入能指和所指之间的空间,也就是"什么是 TA"和"TA 是什么"之间的空间。这个空间将个体视作主体:TA 不再是单纯的受众,而是含义的创造者。但受众只有**被设定成含义的创造者时**才有这种能力。当广告对我们说话时,我们也在创作这段内容(也就是广告**向我们传达的含义**),同时我们又被广告塑造为**创造者**(广告已经假定我们在解读其含义)。所以我们被构建成广告的"主动受众"。

我们赋予广告含义,广告又赋予我们含义。为了更深入地分析说明,我们通常会否定这种"恶性循环"中每个环节的共时性,并将之分解成线性状态。在接下来的四部分中,我将首先描述我们如何在广告中**创造**产品的含义;其次是我们如何从产品中得出含义;第三是我们如何被广告塑造;最后是我们如何通过广告塑造自我。前两个主题紧扣上一章的结论,后两个主题则会将我们带入符号领域的更深层,进入心理学领域,而符号学和心理学是不可分割的,这一点在本章结束前将予阐明。

连接符号学和心理学的正是意识形态，或者说意识形态提供的隐形遮挡让它们的啮合透明呈现：意识形态总是确切地反映出我们意识不到的事物。意识形态的关键在于我们往往不将之看作意识形态。那么它又是怎样变得"隐形"，让我们视而不见呢？——事实上我们在其中**活跃**，我们并不是从上层建筑中**获取**它：我们一直在对它进行再创造。它**通过**我们生效，而非作用于我们。我们并不是被"故意放置"的错误信息欺骗了：意识形态的作用更加微妙。它基于错误的**假定**。具体如下：宣称某样事物为真和宣称某样事物的真实性不容置疑有相当大的区别；前者承认或许存在相反情况，后者其实什么都没承认，也什么都没主张。在意识形态中，我们不会怀疑关于自身的假定，因为我们"已然"将之视为真理：鉴于时间倾向先入为主，它本身就是被挪用为意识形态的一部分。

"已经"永远比"可能"强势。（第二部分将讨论时间是如何成为意识形态指称系统的。）一项关于我们的假设本身就会将此假设对应的现实品质放进时间线内，而摆放的位置往往会**先于**这个假设。广告为作为个体的我们创造了"既定"的"事实"：我们是消费者，我们有一定价值。我们被困在有选择的幻觉中。"自由"实际上是最基础的意识形态的一部分，而这种意识形态正是广告的子结构（sub-structure）。它在广告本身的结构之外构造了可以永远将广告合理化的基础论断：制造商创造了一种自由，而我们在这方面的自由来源于可以在竞争的商品之间进行**选择**。自由的概念对维系此种意识形态至关重要。我将展示广告是怎样将我们完全卷入其中从而**发挥作用**，而它们又是如何让我们"自由地"塑造自身，同时无法觉察其实它们已然塑造了我们。

(a) 通货交易需要主体

必须**由**某个人来进行交易或者使用通货；而对此人而言，通货"首先"要有价值。但价值只有**经过**交换才能得以呈现；只有经过交易，你才知道某样东西值多少钱。例如,日常生活中我们不会谈论食物的价值,但会谈论钱的价值。钱好像是决定价值的东西——但它的价值取决于它能交换到多少东西。当物价升高时,钱的**价值**就降低了。

由此可见,价值不是固定或固有的,只有**通过**交换或者替代才得以产生,这是我们重要的初步论点。由于符号涉及替代,不管它替代的是什么,它都会代表,甚至取代、渗透并且生成更多价值。因此,通货是一个发散自交换关系的价值系统;同样,通过将所指转为能指得以出现的"客观相关"假定了价值的形式,以客体形式"转译"产品的价值,而这种价值只有在含义从一个系统转移到另一个系统时才能得以"体现",或者说是只能在这个过程中产生。

所以如果钱的价值体现于能买到多少食物或者衣物,符号就只有在我们使用它时,才能获得类似通货的价值,因为只有**我们**才能"意识到"它代表(或替代)着什么。在 A12 中,我们将汽车的含义转入香烟,实际上是承认了汽车对我们而言代表着奢侈。虽然这个概念未必整天在我们脑海中徘徊,但这种价值观依然存在,因为它可以传达**差异**——(A≠B,=a≠b)。

所以我们对广告含义的第一重影响是我们在指称对象的"虚构(myth)"系统中"察觉到"特定能指。我们**赋予**凯瑟琳·德纳芙的面孔意义以供广告使用,因为广告之外的这张脸在我们看来"本身"就是有意义的。但不能说是广告创造了这项含义,因为我们难道不是早就"认识"这张脸了吗?然而,在它被运用于广告**之前**,我们尚且意识不到这点——概念的维持并非依赖抽象的真空,而在于积极使用:因为价值不存在于事物本身,而是产生于转换。

所以,鉴于任何价值系统都能构建**意识形态**,显然只有当构成价值系统的各部分价值不断通过转换得以再生时,这种意识形态才得以存续,而这种(在金钱买卖中存续的)价值转换同样意味着含义替代。换句话说,当价值作为**概念**存在时,其延续性来源于我们不断对符号进行"解密"和"解码"。

广告为此种行为提供了完美的场地："元结构"（meta-structure）。这个结构并不对含义进行"解码"，而是将其**转换**出去，用以创建另一个结构。这项活动总会涉及两个含义系统："指称系统"和产品的系统；例如 A8 中魅力的世界和香水的世界。我们已经发现在元系统（meta-system）中，价值转换的本质问题在于它没有"内容"；它只转译了（差异和对比的）**关系**，而非本质"属性"。所以我们（关于某个特定虚构系统）的认知被挪用，反过来将我们自身禁锢在了过程中，这个过程是"形式知识"，毫无实际内容（比照第一章中引用的索绪尔原文），也没有意义。但由于价值不断转移，我们还是会不断**假定**含义的存在。

所以在我们与广告的关系中，"指称系统"这种意识形态不断再生。事物对我们来说"有了含义"，而基于广告形式带来的非理性心理飞跃，我们又将含义赋予了产品。在 A12 中，汽车本身具有含义，经过一系列形式上的连接（见对 A12 的分析），香烟也开始有了含义。我们对两种能指进行交换，从中产生的是普遍为人接受的价值。但**事实**上，做交换的是我们，我们在参与这个过程时本身就受到了意识形态的摆布。

我之前已经说明"概念"、价值、含义是如何在**实践**中产生的。这种实践让广告具有意义，也就是实现了从指称对象（referent object）到产品该有的飞跃：这一步飞跃不仅填补了**含义**的缺失，也填补了**我们自身**。我们在主动进行创造之前，并不是意识形态的参与者；矛盾的是，意识形态**规定**了我们必须是参与**主体**，也就是说依据"自由意志"（freely held ideas），我们必须是"行动的发起者"。但正如价值只有在预先假定其存在的前提下才会出现，我们想要成为主体，必须依赖于广告**预先**将我们当作主体来看待：即"被指名"（appellated）。广告说："嘿，你——你知道凯瑟琳·德纳芙/劳斯莱斯/苏珊·汉普歇尔代表着什么，对吧？那么，这件产品和他们一样。"——广告将你看作一个具有自由意志的认知载体（＝意识形态的第一方面），它认为你是可以思考行动的人，能够在自由运用认知（＝意识形态的第二方面）的基础上主动参与创造（香味/汽车/墙纸等物品含义的）活动。在广告"说"然后你

"理解"的过程中,"认知"就是一个参照物创造的先入为主的观念;而积极主体则由预设创造。(阿图赛认为"嘿,你"是指名的关键,因为你能被叫到证明你已经存在。)

"意识形态"和"主体"之间的关系同时发生、相互依存。所以我说的意识形态也包括了主体创造,而我说的主体,自然"拥有"意识形态,同时被它创造。意识形态价值产生于广告中的意义交换,这必然暗示着主体的存在。然而,在**主体非意识形态**的方面,我要进行人为的区分和重申:两者共同被假定为广告的正式工作方式。

让我们回头看 A8。没有哪句话在"说"凯瑟琳·德纳芙"就像"香奈儿 5 号,或者两者头戴相同的光环。我们看到两个能指,然后需要通过将两者**实行互换**来得到一个"**所指**",也就是完成广告**未尽**的关联工作,但这项工作只能通过广告的形式来完成,因为形式将我们引入广告中各单元之间的变革空间(transformational space)里。广告的含义只会在这个空间显现:因为这是交易的领域;同时这里由我们运作——**我们就是这个空间**。

所以,如果广告的含义通过符号之间的转换成型,而且这种转换依靠我们发生——(即所指存在于转换空间,作为主体的我们也在其中完成构建)——这就将我们放到了所指的地位:导致我们需要审视在交易中**变为所指的自身**。

(b)"图腾制度":主体成为所指

如果产品和"客观相关"人或物之间的联系是我们通过自身创造的,而我们又是被交换的物品之一(我们在这里被当作客体),那么产品与我们就**一同**受到创造。第一章结尾处我们总结了两种交易。产品的双重交换角色可以参考鸟眼豌豆的广告。豌豆是吸引、关爱的代名词;它们同样是**你**的代名词。同理,伊卡璐(A19)代表着幸福又创造了幸福:它有能力买到那种感觉,它取代了你,一下子就替代你完成了购买。所以产品想要"**有含义**"需要两根轴:一是在我们对能指进行交易(凯瑟琳·德纳芙和香水瓶,汽车和香烟)时获取含义的过程;二是它现在具备的第二重所谓取代价值:它取代了我们,从而代指**我们**。产品的最初含义来源于其与人和物的关系——一般广告上露脸的都是在外部秩序里或群体中有一定地位的人,而后产品便可以将含义**还给**我们,继而创造出一个新的群体系统。产品的含义多半来源于社会上既有虚构元素的老调重弹,然后发展出意义的光环,告诉消费者他们是什么,让消费者变成一个与这些产品有关的形容词,就像"百事党""夏士莲(Sunsilk)女孩"等。形容词代指**质量**和代指**人物**的组合完美地体现在"你妈妈是最好的妈妈吗?"(Is your Mum a Superfine Mum)这句广告语中(出自卡夫超细人造奶油①)。如果广告用小写的"s",就是想说这位母亲是位超级细致的母亲,但用大写的"S"则将她归为超细人造奶油的消费人群。当然,两种拼写意思相同,也说明只有超级细致的母亲才会看中超细人造奶油的品质。产品在特质和人物之间相互转译,或者说进行干涉。只有在广告的语境下你才能看懂这种特质或者含义。这样一来我们不仅只被当作主体,而且成为广告中产品指定的一种特定主体。

A8 和 A9 展现了人们区分产品的习惯。一旦指明差异,产品就变成了差异的**能指**。用香奈儿 5 号的和用宝贝香水的必然不会被认定为同类人。喝百事可乐的人不喝可口可乐。买超细黄油的母亲不买蓝牌(Blueband)。第一章研究了差异如何通过形式从一个系统转移到另一个系统,从而塑造出产品之间的差异;而我们最初就是通过形式的差异来看待这种关系的(凯瑟琳·德纳芙≠玛葛·海明威,香奈儿 5 号≠宝贝),而广告内容又让我们解读出另一层"本质"关系(凯瑟琳·德纳芙=香奈儿 5 号,玛葛·海明威=宝贝)。香奈儿 5 号和凯瑟琳·德纳芙"看似"属性相同,将他们联系在一起只是为了区别其他产品。在产品

---

① Kraft Superfine Margarine,其中 Superfine 为双关语,具有"顶级"和"超细"两重含义。——译者注

将意义返还给大众的反向过程中,就是将差异化的所指过渡为相似的能指(换言之,从用相似的结构生成对比,到产生**不同**"事物"的相似性)。我们以购买的东西来区别自己和他人(这点做到极致就是个人主义,见 c 部分)。在这个过程中,我们与用以区分我们的产品**相互认同**;而这就是图腾制度。例如在兰博牌代表/创造的世界/派系里:广告上的人甚至打扮成商品的样子(A5)。列维-斯特劳斯(Lévi-Strauss)将图腾制度——即运用自然客体之间的差异来区分人类族群,描述为:"……一方面动物之间有所区别……另一方面人类……也有所区别(因为他们分布在社会的不同层级,每个人在社会结构中都占据了特定的位置)。由所谓图腾所代表内容臆断出的相似性**出现在两个差异系统之间**。"他描述了"从集中在**主观效用**上的视角到**客观比喻**"和"从**外部比喻**到**内部同源性**"之间存在着怎样的路径。[①]

然而,他描述的图腾制度和我描述的类似图腾制度的现象之间仍有很大区别。如列维-斯特劳斯所言,"图腾主义这一概念包括了以意识形态形式列出的自然和其他文化这两个系列之间的关联"[②]。但用于区分我们的对象——抽 6 号烟或抽古洛伊斯(Gauloise)烟,开 Mini 汽车或开劳斯莱斯——这些对象创造的"图腾"群体并不自然,也没有先天性的区别,尽管它们的区别被赋予了"自然"状态。(见后文第五章。)就像我分析的,它们的含义主要获取自看起来会抽这种烟的人,也就是广告中的某类人或者与他们相关联的附件。于是出现在产品之间和出现在人与人之间的两套**错误**差异牵涉其中,两者通过广告中的含义交换和商店中的金钱交易不断得以相互修饰。

因此,作为大众的我们为了区别自身,被迫开始创造产品之间的差别;但同时,产品实际上又是人为**制造**出来的。我选用"图腾制度"这个词的原因之一是它描述了一种特定的团体构成,这种构成不能与阶级

---

① Claude Lévi-Strauss, *Totemism*, Penguin University Books, 1973, pp. 149 – 150.
② 同上,p. 84。

差异混淆。广告模糊并避开了真正的社会问题,这些问题关乎劳动:工作和报酬,以及谁在给谁打工。广告创造了另一种社会差异系统,这掩饰了社会中最基础的阶级结构。广告仅涉及消费,这是一种实际上很少人经年拥有的闲暇时光。它强调你**购买**的东西,实则意味着你必须**更努力**地工作赚钱买东西。当今社会的根本问题的确是金钱和赚钱,但它们被升华成了用**产品**而非金钱买到的"含义""形象"和"生活方式",社会的"本能"(id),也就是其最深层的力量,被完全挤压到表面之下。事物和产品意欲代替我们说话:我们因此与它们疏远,而由于我们忘记了社会工作中创造它们的物质过程,于是我们也疏远了自己,然而鉴于我们允许物品代我们"说话",我们又开始认同它们。如我所说,所指很快变成能指:用来反映我们的东西很快也会开始塑造我们,我们的情感意象将会束缚我们的情感。[①] 真实事物被拎出物质现实,陷入封闭的意象系统中,替代了现实和真情实感。情绪被产品绑定,就像幸福的发色和超级细致的人造黄油。

这说明在某个层面上,产品能"生产"或购买情感。但广告的"既定感"在更微妙的层面上发挥作用。此处"图腾制度"成了意识形态的一部分:你买它不是为了**打入**产品所代表的群体内部:你必须在感到你已经自然而然地归属到这个群体中之后**才**买它。这就是广告为何能在宣传和购买之间的裂缝中捕获你。产品的相似性是我们第一章的出发点,因为你在商店中面临各种选择,例如 20 种看上去和吃起来都**没什么区别**的人造黄油。你不是等到了商店里才选,而是在回应广告,将自己"认同"为**将要**购买特定品牌的那类人。你买东西之前必然已经做出了决定,否则广告就失去了其用意。这就是为什么广告必须进入你,然后留存于你的个人形象内部而非外部:实际上,它塑造了你的形象。

认同一个群体需要战胜一系列障碍 其中之一是被特定物品关联起来的个人之间不可避免地存在**差异**。以消费主义为基准重新划分

---

① 参见 *Totemism*,p. 141。

世界不仅忽视了根本阶级构成,还牺牲了个人差异——甚至是那些由其他产品构建起的差异。由于我们购买了太多的产品,围绕产品存在的"图腾"族群必然相互重叠;你不能同时做茨冈党(Gitanes man)和本海孜党(Benson and Hedge man)[①],但你可以同时做茨冈党、吉尼斯党(Guinness man)[②]以及老香料党(Old Spice man)[③]等。我还可以举无数个例子。这些群体大量相互交叉,导致它们与部落图腾制度有天壤之别;但相似之处仍在于(群体内的)差异会被融合,以此创造(不同族群间的)其他差异。一个族群想要和另一个有所区别,只能依靠族群内部的共同点。我们的相似点在于我们都有一模一样的"不同之处"。然而,广告必须提醒你,你是独特的,而且必须首先将你作为一个独一无二的个体来对话。用指名来突出主体的独特性将是下一部分的主题。这无可避免地造成矛盾:广告吸引我们的地方在于它说我们与他人不同,而又与它相仿。它诉诸我们的特殊性,又让我们淹没在产品的图腾群体里。A21 运用的技巧是广告迎合我们这种双重身份的典型手段。

A21:这则广告微妙地展现了群体与个人之间的冲突。广告上的几个人必然独特,而且拥有鲜明的个人品味,因为他们对酒水的喜好各异。但他们(显然无意识地)青睐同一种波特酒(port),这是他们品味的最高共识。在这点以外他们是不同的:重点是,他们**相互挑剔**(*discriminating*),在波特酒上却能达成一致。

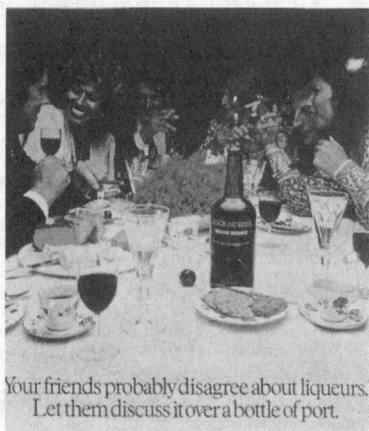

Your friends probably disagree about liqueurs.
Let them discuss it over a bottle of port.

A21

---

① 茨冈和本海孜均为欧洲顶级香烟品牌。——译者注
② 世界第一大黑啤酒品牌。——译者注
③ 美国宝洁公司旗下沐浴露品牌。——译者注

这则广告非常聪明,因为他们在葡萄酒旁边"争论"问题,这让产品从一开始就和他们的**差异**联系在一起(尽管他们在酒上达成共识):差异为展现个性提供了舞台,并参与其中。所以这则广告讲述了一群人围绕科布恩牌波特酒(Cockburn's port)的"图腾"聚集起来(就像 A5 中聚集在兰博牌边的人),但它同时描绘了个性。此外,它将你当作个体来**对话**;它假设广告里的人**就是**"你的朋友"。(广告的布局让你感觉你就坐在桌子一头;你只要看到这则广告就必然会被吸纳进去,因为你看这张图的角度恰好是从桌子一头望过去的视角。桌子正好延伸到图画外你的位置:你的不在场塑造了你——参见下一章。)所以广告描述、卷入并且塑造了你:它假定**你**身边就有这些挑剔的朋友,而你又是个科布恩党(Cockburn people)。值得留意的是,产品的名字甚至都没在广告里出现:"葡萄酒"只是**假定**为科布恩。你并非**有可能**存在于这群人中间,而是早已**成为**其中一员。(就像某本著名杂志的策略是将读者社会地位假定得比实际高一个档次。吹捧的激励效果胜于说教。)

所以,哪怕挑剔的人也能被科布恩牌波特酒吸引到一起(也许不用说哪怕——他们必然十分挑剔才能青睐这款酒)。A21 中的**图腾形象**本身就很挑剔。这些人因为他们独特的品位和眼力聚集在一起——所以个性实际上成了产品特性的标志。

A21 中假设"你的朋友们"让我们注意到广告如何在将我们放入特定群体的同时强调我们的个性。同样的交换发生在广告指向的人、有这些朋友的人——和正在看广告的**你**之间,A22 也是同理:这则广告告诉你什么是"图腾制度"——这群人抽 6 号烟(No. 6),也就被贴上了这一品牌的标签,但同时又引入了关于"指名"的讨论,将我们塑造成个性主体。而我们和广告中人的可互换性则引导我们进入"镜像阶段"

(mirror phase)①,这将在本章第五部分探讨。

A22:这则广告包括两个过程:其一是人物和产品的关联:他们都抽 6 号香烟,让这种烟看上去非常"普遍"。但你与这种关联的关系让你获得"指名",因为广告假定你和图中人物一样:"和你一样的人都换抽 6 号烟了",而**他们**的确是换成了 6 号烟的那群人。所以,以烟为轴心,我们开始将自己与这群人归为同类;而这群人的形象经过精挑细选后,都显得"普通"或"正常"。这条标语

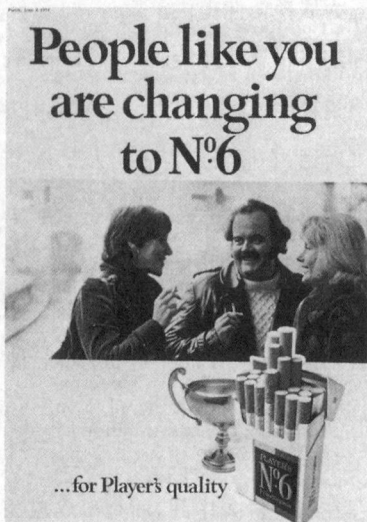

A22

其实是在对"你"说话,让你不经意融入了这则讯息。这句话是直接指向你的,你掉入了自认为它在指向你的陷阱。

(c) 指名和个性:个体构成主体

"通过主体的功能分类,一切意识形态都将具体的个体赞誉或指名为具体的主体……意识形态通过这种方式'行使'其'功能',从个体中'吸纳'主体(它吸纳所有主体),或者将个体'转化'为主体(它转化所有主体),用的正是我称之为赞誉或指名的手段。想象一下,最常见的就是警察(或者其他人)招呼你:'嘿,那边的你!'……假设这种理论上的场景发生在大街上,被招呼的人就会转身。在一百八十度转身后,他成了**主体**。为什么?因为他发现这句招呼'的确'是在喊他,而且'被召唤

---

① 法国思想家拉康的理论,解释了作为自然生物的人如何获得社会性别和社会身份。——译者注

　　　　　　　　　　　　解码广告:广告的意识形态与含义

的人就是他'（而不是别人）。"（路易·阿尔都塞[1]）

"……可以说某些在图腾制度名义下被武断孤立出来的分类模式被应用在全世界范围内：在我们之中，这种'图腾主义'只是被人性化了而已。这一切的发生好像在说我们的文明中所有个体的个性都是 TA 自身的图腾：是 TA 作为所指的存在所对应的能指。"（克劳德·列维-斯特劳斯[2]）

为了让你成为团体的一部分，广告反而要先将你看作个体。"和你一样的人都换抽 6 号烟了。"我研究过我们在广告含义转换过程中所处的位置，我们处在广告人物和产品的交易当中；但鉴于我们是广告内涵的一部分，我们只能借助"被指名"来实现交换。这种指名本身就是作为个体的你和广告称呼的假想主体产生的交换。因为这本质上并不是"你"；逻辑上没有证据支持广告会一直想着"你"。你必须将自己与广告"对话"的人，也就是广告塑造出来的观众相交换。所有广告都必然预设一个特定的观众：它投射到一个假想人物的面前，这个人是通过广告中元素之间的关联创造出来的。当你看到广告，你就走入了这个假想人物的位置，从而"成为了"这个观众，你会觉得那句"嘿，你""**确确实实**"就是对你说的。

广告传达信息的对象一般都是"你们"，但我们接收到的都是"你"。尽管广告的目的是将一件产品与广大群众联系起来，让他们成为群体，但只有在让他们依靠产品成为独一无二的个体时，才能成功。所以我们被当作特定的一类**已经**被广告关联起来的人："你"作为绝对的主体，是广告的唯一受众。然而，广告在对我们所有人说话，又不对我们任何一个人说话：作为个体存在的假想主体并不存在，但我们都可以"变成"他/她，而他/她成套出现，构成群体——一个以产品为中心的图腾群体，我们**变成**了桌子一端的那个人，看着喝科布恩波特酒的朋友们，或

---

① "Ideology and Ideological State Apparatuses" in *Lenin and Philosophy and Other Essays*, New Left Books, 1971.

② *The Savage Mind*, Weidenfeld and Nicholson, 1966.

者抽着与照片中同款的 6 号香烟的人。我们组建了图腾集合,我们在这个没有其他成员的组织中找到个人身份。我们早已被指名为群体中的一员。

个体与广告联系在一起实际上意味着我们**为了**逐一拥有"含义",都需要经由产品获得"图腾身份"(totemic identity)——我们用自身个性将含义赋予产品。A21 展示了产品是怎样通过一群挑剔的葡萄酒消费者获取含义的。但是当然,这些人是广告塑造出来的。A6 中则能看到如何塑造人物以对产品进行补充说明,但广告把人物表现为产品的铺垫。所以广告塑造他们自己的消费者,告诉你你是什么样子:就像布鲁斯·福赛斯在《世代游戏》开头所说的"你是个来自维冈(Wigan)①的三十四岁家庭主妇"等。(有趣的是当"布鲁西"②**反过来**向热心听众念出**他们**提供之前的个人信息时,这种指名虽然本应只是节目开头,实际上却成了其主导部分。)看看 A9:"宝贝"是一种"香味清新自然,**法贝热**(Fabergé)③**为你将之命名**"的香水。**命名**,也就是使用恰当的名称,是分类结束点;这是差异和独特性的终极能指。但"宝贝"作为这款香水的适当名称,足够模糊地指名**所有**女人。我们**作为**主体被"集体"召唤;因为广告在呼唤我们的同时已经把我们当成了既定的**主体**——"宝贝"是**送给**我们的称呼,也就是说以我们来**命名**:并非我们**以它**来命名。我们已经如此"清新自然";我们永远先于广告拥有这些特质,但广告用既定感的陷阱困住了我们。我们现在看到广告时的经历(作为一个"清新自然"的人成为其谈话对象)——被置换到了过去:我们已经清新自然,我们已经是"宝贝",而这款香水**根据**我们而得名。有时产品将我们自身的特性据为己有的过程更加现实,它们会在时间上让我们的特性提前发生,参见 A23(1)和(2)。

---

① 维冈:英国英格兰西北区域大曼彻斯特郡城镇。——译者注
② 布鲁斯的昵称。——译者注
③ 法贝热:英国香水品牌。——译者注

A23（1） A23（2）

A23：一部分广告意识到，经常会出现需要将一种批量生产的机械卖给不同人的问题。相较于否定问题，他们更倾向于绕开问题。宾得（Pentax）系列相机通过展示宾得明星产品，实现了让产品**成为**你的一部分这个设想。这比那些预先认定产品与你有关的广告更为现实也更复杂；但它暗示了你**拥有**独特个性，引申为癖好，而宾得成为这种怪癖的一部分。所以产品**开始**反映和象征你的独特性，又免于让你感觉这种独特性是基于相机产生的。你的个性固然存在；最终透过挂在你脖子上的相机得以展现。但这里的"你"仍旧模棱两可。广告里的相机不是你的，而是大卫·霍克尼（David Hockney）①或者肯·罗素（Ken Russel）②的；霍克尼的独特性在于参数（string），而罗素的特点是不用参数以及照片的破旧感。人们仍然完全认同广告中的物品，广告仅仅展现了一种小范围而非整个集体中的图腾崇拜（mini-totemism）。

在此我要说明我们是如何被告知自己早已拥有某些特质的：

---

① 大卫·霍克尼：英国画家、版画家、舞台设计师及摄影师。——译者注
② 肯·罗素：英国著名电视与电影导演。——译者注

A24：这个例子展现了消费者的关注点能走多远。这辆车被设定为会影响你如何看待**你自己**：它赞扬了你本人的品位和你本人的判断力——这就预设了你**具备**此等品味和判断力。这些品质表面上说的不是车，而是买主；铅印的广告语写着"自我感觉品味良好……哦！但是你的判断力呢？"这则广告通过强调买主是你，成功地将一台本质上是批量生产的老套产品转变成为个性化的商品。突显出**你**的特殊性以及你尚

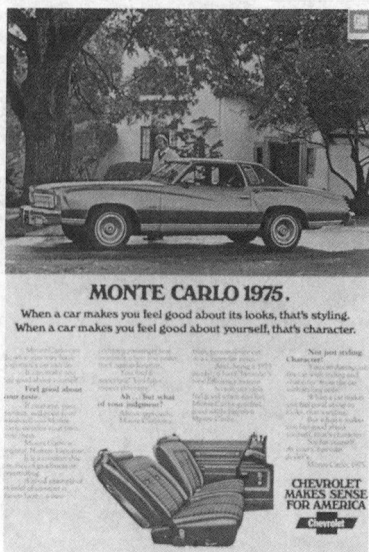

MONTE CARLO 1975.
When a car makes you feel good about its looks, that's styling.
When a car makes you feel good about yourself, that's character.

CHEVROLET
MAKES SENSE
FOR AMERICA

A24

未被定义的品质（证实这些品质的细节需要你来提供），这是种聪明的广告方式，因为它的发布对象虽是普罗大众，但每个人在代入自己后都会将这辆汽车看作特别的产品。你无可挑剔的个人品位和判断力附着在这件产品上：它开始代表品味和判断力。鉴于**你的**品位和判断力如此完美，你必须买它。受众/买主成了产品获得含义的相关方：这里完全省略了"客观相关"者这个角色和被指名的主体。

在 A23 和 A24 中，广告引导我们将自身的个性品质解读到产品中，而且奉承我们早就拥有这些品质。所以广告宣称我们是独特的；尽管这种独特性人人皆有，但因为广告的说话对象是一个想象中的个体，这个个体就**成**了我们。

购买百事可乐的过程需要你参与交易，不仅是用钱换可乐，更是将你自己变为百事党。你既独特，又是大家庭中的一员；然而，你只能在广告**中**找到这个大家庭的其他成员。这点非常重要，因为广告对个性的强调体现了希望我们彼此独立的社会需求：当今经济和政治世界的存续有赖于其成员保持分崩离析。这就是意识形态的作用：它确保我

　　　　　　　　　　解码广告：广告的意识形态与含义

们**就是**自己，是独立的个体，而且我们有**选择**的权力。确保自由选择至关重要，因为我们的行为动机是我们的"信念"——而且尽管这些信念**来自**我们相互分享的意识形态，我们仍会自然而然地觉得这是我们个人独有的信念。

在广告中，我们会被告知我们**确实在做**选择，因为我们**是**自由的个体，拥有独一无二的品位和风格，我们的**行动以此为凭**。换句话说，当我们被联系到产品的属性上时，我们就被设定成其买家，特别是我们"拥有"广告中所暗示的信仰已成"既定"事实，我们依此行事，买到的产品也体现了这些信仰。这是一种"双重束缚"（double-bind）。

A25 中正是这种"指名"：它告诉我们，我们非同寻常——所以我们必须按此行事，买这款非同寻常的汽车。

A25："细微差异造就天壤之别"：这句类似悖论的广告告诉一**大批**人，只要买了菲亚特（Fiat）就能变得非同一般。广告的目的是让你脱颖而出，而非埋没在马路上的"羊群"之中。但如果这张广告的所有受众都**买下**菲亚特，他们显然就不再独特了。

这则广告刻意强调其中所有指名上的矛盾，是为了主体更显独特。它必须将你塑造得独一无二；但它对每一个看到广告的人

A25

都有**相同的**功能。在被改变得不一样这方面，我们都一样，但广告将我们锁定在有限的接受空间中，我们在看广告时无形地被限定在了广告前的单人座席上。当它说"嘿，你"（根据阿图赛的说法）时——我们只能单独听到它说话。我们成为无法联合的个体。

既指名我们又分离我们的正是产品,广告含义与我们的身份围绕这个中枢交换。例如在 A21 中,作为产品的葡萄酒好像一张中心反射镜(central mirror),将异质的人转变成异质的消费者。这正是所有广告都在做的事,因为它们有独特的虚拟受众:它们将不同人当作一组(在想象中)统一的主体。我们不可能与其他人在同一时间站在同一个接收空间中:所以我们唯有和广告**之中**的人相互认同。我们在 A9 中被称为"宝贝"的同时,找不到任何有同样立场的**受众**,因为被以"宝贝"一词称呼的前提条件是你是唯一的"宝贝":它"**正是得名于你**"。但玛葛·海明威仍然是广告当中的"宝贝"。所以我们和她的关系取代了我们和其他人的关系;同样,因为她和我们看似都是**唯一的**"宝贝",她不免被当作我们的一部分,一种"他我"(alter-ego)(参见 e 部分:"镜像阶段")。

这样一来,指名给我们设下虚拟的信号灯,以防我们侧身观察临近的其他人;它只许我们向前看,往广告里看(就像"Pearl and Dean"电影院广告将我们的视角限定在屏幕中央)。我们的独特性来源于广告**只**允许我们成为它所指名的主体;而且它必须将我们的方方面面联合起来。个人主义的虚拟构建包含了身份一致性:你必须具备连贯的个性,才能被产品所反映。A26 的有趣之处在于它毅然挪用了你**所有的**潜在选择。

A26:这则广告为个性这一概念创造了新的维度。产品不再需要适合所有人,只需要适合不同场合的同一个人——你。将同样的产品用在不同场合让你感受到身份象征,它吹捧的是前后一致的自我形象,从而在体现个性原则的同时又灵活多变。广告的基调是**产品**可供选择的灵活性:有选择的幻觉来源于三种不同的卡尔顿(Carltron)烟;但真实目的当然是将"**你在一切场合的选择**"**缩小限定**在这一产品上——所有"选项"都是卡尔顿。这体现了广告的基本特征之一:产品被用来反映你的感受,同时实际上将你的感受和"选择权"绑定在一起。你有选

　　　　　　　　解码广告:广告的意识形态与含义

择权,但只能在有限的项目中选。你不能选择不买。

所以我们被"指名"困在了有选择的幻觉中,我们误以为我们的选择行为是在自身特点的基础上进行的。但这种个性化是被动的:你并不能**拒绝**将你的宾得个性化,也不能**拒绝**"在品味和判断力方面自我感觉良好"。"你"在看广告的过程中,被广告塑造**成为**它的通货:你赋予了它意义,因此你变成了它的所指。我们创造

A26

广告的含义、主动接收广告,和广告召唤我们、让我们成为主体,这些事情本质相似,同时发生。在读"像你一样的人……"这句广告语时——我们**赋予**它意义:在我们看到这句话之前,它毫无意义,但我们读完之后,它开始指向我们——让我们变成句中那个"你"。

A26体现了广告是如何通过将差异吸收并同化,使其应对"你"这个概念在不同场合中的区别;至于广告如何区分你**所包含的**几个不同方面的"你",这需要指名过程的进一步加工。

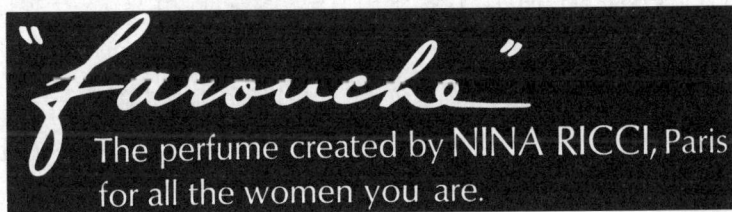

(d) 部分

下一个广告从"你所有场合的选择"转移到类似"少女心"(Farouche)香水这样的:"莲娜丽姿(Nina Ricci)在巴黎设计的这款香

水献给你作为女人的方方面面(*for all the woman you are*)"。这句广告将主体先构建成团体,又构建成个人,从而将个人分解成支离破碎的自我,再通过产品重新聚合。为了让主体在广告中重建为整体,必须先将其解构,而解构的前提是个体的基本统一:即"你的方方面面"确实**都是你**。多重身份并存的幻觉**只是**幻觉:"你作为女人的方方面面"这句话也可能是对一大群人说的——就像说"你们这些女人"(all you women out there)——但依然,这句话中的"你"将我们逐个击破,我们认为这说的就是"自己";所以这里通过产品暗示的多重性依然围绕着你。

所以,就像你终究可以独自代表整个图腾群体,这些碎片化的个性仍然可以囊括为"你"。不管"你"加入的是"百事党",还是其他不同的"群体"被整合成你,本质上都源自对个体的指名。

然而,分割自我是个聪明的做法,因为它清除了"个人主义"思绪中所有的潜在障碍,避免人们醒悟到他们可能并不是完整的主体。这个例子说明广告有能力应付对其意识形态的潜在批评,并可以将之**反向纳入**自身。现在,由于心理学的发展——例如《分裂的自我》(*The Divided Self*)[①]等,人们很大程度地意识到他们并不只有一个特别的"个性":尽管不是对每个人都适用,但确实会冲淡大众的固有观念。广告越来越难断言"你就是这样"。所以取而代之,它说"你的个性有很多面",但仍然宣称产品可以代表每一面:受众会觉得这比只代表**一种**特质更了不起了。

多重选择概念在 A26 的卡尔顿广告中表现为根据广告对(一系列相同)产品的选择,这也是对(同样相同的)自我的选择。这些选择在完整的布局上紧密联系从而构成"完全体",就像电影院里的分屏技术(split-screen)[②],这在视觉广告中越来越常见。在这类广告中,总体大

---

① R. D. Laing, 1960.

② 分屏技术:计算机图形中的显示技术,其包括将图形和/或文本分成不可移动的相邻部分,通常是两个或四个矩形区域。——译者注

解码广告:广告的意识形态与含义

于部分之和，整页广告才有意义；这些分开的元素并非单独或者依次出现，而是整合在一起塑造了你。这种多重布局页面的重点在于，尽管它确实代表了不同的东西或者说你的不同方面，但一切都是同时进行的，所以这种分割只有放在整体**之内**才有意义；这就是最初的封闭实体。我们不能把每部分分开看待，因为在**视觉上**它们同时显现。被分割的图片（似乎是要强调分离）中不同元素之间的张力以及实际上的整体性（事实上各部分的共存替代了分离）完美地传达了被广告塑造的"自身"中的相似张力。广告展现了"你"的方方面面，但即便在展现过程中它们同时出现，在广告的形式里，这些方面看上去也是联合在一起的。

　　A27：这是一个人的多个侧面：靓丽的、运动的、职业的、户外的、浪漫的；每张图片都有明显的主题，行为被简化，被打上标签，以配合发型的各种功能。

　　一分为几的身份（职业女性、浪漫情人、运动选手）暗示着人格的复杂性，实际上却简化并限制住了人格。将这些身份联系在一起的是产品，是你。广告上写着"当你在家做发型时……"——所以你提供了整体性，你人格的不

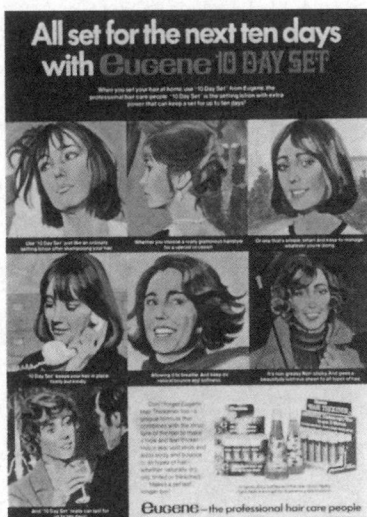

A27

同方面以你为中枢聚集起来、产生**含义**。这页纸只有被你看到时才是完整的：在你看向这则广告时，你从视觉上整合了这些头像框；尽管他们暗示了某种**叙事**——（你的发型能够保持到周一、周二、周三……）整整一周——它们出现在同一画面上，而且表面上服从于隐晦的整体。需要留意，画面中的女孩没有一个与你对视：因为她们都不是"你"。她们加起来才是你。

所以 A27 也证实我们在**接收**到广告、塑造其含义的过程中变成其含义。只有我们能塑造出这个"完整"的女人,因为我们同时接触到每个部分;我们创造了整体,唯一完整的是我们自己。

这种多重身份的广告大多数针对女性,我之前说过,它成为了广告容纳其自身含义系统中潜在批评和缺陷的一种方式。这特别适用于它们对女性的态度,女性一直以来被广告看作一个"女性化"的实体。"女性解放"这个概念渗入广告,因为它们决意展现出它们的产品不仅适合所有女人,还适用于你内心的方方面面。

A28:"凯世"(Cachet)香水广告的布局从均匀平分的模块变成了另一种分裂的页面,这使得广告在宣扬个性方面更具说服力。这些都是女性生活中被分门别类贴上的标签(她的外貌、她的爱好、她的事业),但大小形状各不相同的模块让它们看上去不显死板。

我们依然从广告的多重性中塑造自我:我们的个性由**不同种类**的个性展现出来。广告上写道:"我们知道你想看上去和旁边

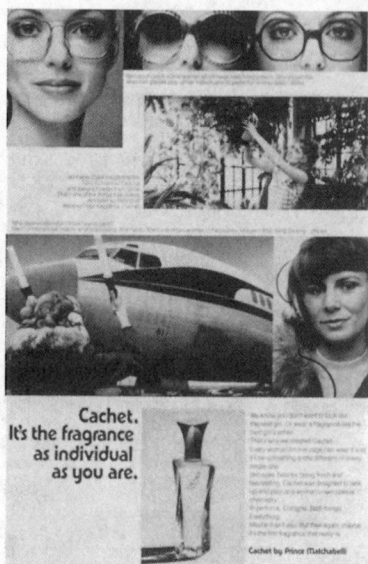

A28

的女孩不同",然后告诉你女孩们都在让自己变得"不同"——尽管这些不同加起来就是相同。

创造不同大多关乎性别角色,这不足为奇(见 e 部分 Lanca 广告);前两则广告表现的都是**女性**,她们**看上去**都很自由(就是说你可以白天是职场丽人,晚上变成夜场艳后),而广告中对这些角色的限制和暗示在这条法则应用在男性身上时更为明显。

有一则迈可适(Maxi)汽车的广告,附带一条小标题:"既是**你**想要的……也是你俩都需要的车";前半句话描绘了一个男人独自走进汽车,让老板印象深刻;后半句话说的是他和妻子在采购之后开着车满载而归。"**你想要**的车"和"你俩**都**需要的车"奇迹般地结合起来,暗示着你想要——或者说**他**想要让老板印象深刻、想要自吹自擂、想要增进客户关系——自然而然与和**她**有关的用途,例如家务琐事、家庭责任等相对立。第一个"你"是单数,只和男人对话;第二个"你们"包括了妻子,是复数,代表了义务、责任,比起**想要**更倾向于**需要**。她与男人真正"想要"的欲望和光鲜无关:她代表了唠叨,是生活必然存在的另一面。

　　A29表现了另一种同样由汽车联合起来的个性分裂。

　　A29:这个例子比"迈可适"广告更进一步:现在是三辆汽车合一。这辆"无畏""青春"、刺激的车代表了他的阳刚之气;感性、实用、家庭的车适合"孩子和狗";最后,时尚、宽绰的车用来吸引"男孩们"以及运送钓鱼工具。这些不同情境不是简单地想说每种状况需要一辆不同的车;荒谬之处在于他们显然**不需要**,因为广告的重点就是一辆车可以同时做到这三点。将生活的不同方面拆分开来并粗糙地贴上标签,这种事只会发生在需要引出产品并证明它可以结合这些方面的场合。

A29

　　这些汽车广告以及宣称"你作为女人的方方面面"的广告表现出的男女关系非常奇异:男人将家庭生活排除在他真正"男人味"的生活之外;女人从女白领变成选美皇后(发型依然不变!),以期和**他**约会,而他的"奔放的、流线型的、年轻的模式"中无疑剔除了所有关于孩子、狗,或许还有妻子的想法。

这一部分的最后一个例子是 A30,代表了一类"人格分裂"广告,并引出下一部分的主题。它表现了一个分裂的女人,一半是**广告**,另一半是**消费者**,它同时相当微妙地代表了相同又相异的"镜像"关系,这是一种围绕着产品撕裂的身份,通过产品投射出我们对**完整**自身的渴望。

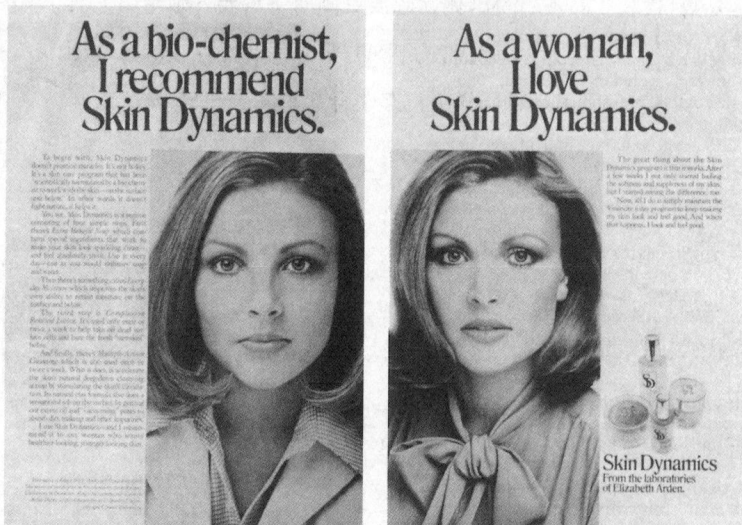

A30

A30:这则典型"精神分裂"的广告第一眼看上去可能意味不明。(更"精神分裂"的例子可以参考一个美国电视广告,其中屏幕被一分为二,一个女人同时出现在厨房和客厅里,自己和自己谈论某种清洁用品的好处,并且向自己推荐它。)关键是模特作为"女性"的一面被表现为与她作为"生物化学家"的一面**相对立**。这仿佛在是说生物化学家不该是女性。只有当她抹除所有职业特征后,她才能成为女人,因为她的职业一直被认为由男性垄断。应该注意到,作为生物化学家时,她的头发整齐利落,穿着男性风格的衬衫和外套(而非裙子),最重要的是,此刻她嘴唇紧闭。在"作为女人"的画面里，她做了发型，穿着典型的"女款"衬衣或是凸显身材的裙子，嘴唇微张，十分诱人。她脸上的所有表情都像在吸引男性旁观者。

这个分裂的女人同样让卖家和买家之间的分裂得以典型化：她一边"推荐"肌肤活力（Skin Dynamics），一边又带有稍许惊讶地说，"肌肤活力最神奇的一点是它有用！"尽管她是作为专家时许下了承诺，但体验结果是她作为消费者得出的，这两者的本质区别毋庸置疑，但在模特的生物化学家/女性两个身份之间架起桥梁（她在工作时是雌雄同体的吗？），使得这类"人格分裂"广告非常有趣。

正是对自我的分裂造就了（上文所描述的）含义；她的任何一半相对另一半来说都是意象。在这里，同一个女人的不同形象被用来制造出像 A8 和 A9 中凯瑟琳·德纳芙和玛葛·海明威那样的对立。它们的关系充满意义；为了让这一个女人有意义，她必须被一分为二，这样她才能既指向生物化学家（相对于女人），又指向女人（相对于生物化学家）。这说明制造差异对表达意义而言至关重要，一种事物本身没有含义；只有在它与别的事物相关时才有含义，而一个完全统一的实体在只以其完整形式存在时，也无法表示含义。我们所有讨论（参见第一章）的出发点都是人和物品**之间**的差异系统的重要性；这种差异可以为第三方，也就是我们自身，创造含义。鉴于对任何意义来说，区分都是必需的，所以显然，一件物品或一个人本身想要具备意义，就必须被分割。所以这个女人的一半意义依赖于她的另一半不是什么。作为女人的她不是化学家，反之亦然。

然而，尽管如此区分，以及我们确实在一张纸上看到两个"不同的"女人，我们仍然相信这是同一个人；我们知道她们都是"她"，是单一个体。现在，在空间上我们还不能将她**看作**整体：我们认为她是分裂的；所以我们需要通过想象确认她是"同一个人"。她的统一不在视觉上，而是一个**想象出的**事实。尽管两个方面依靠对方表意，空间分裂在观者的心理上被捕捉为一个"确切的"统一，我们将在下一部分中继续探索这个悖论。

(e) 广告和"镜像阶段"

前文已经说明广告的工作包括符号的交换——一种通过现实金钱关系产生的，能自主生产社会关系的"通货"。产品的区分产生于它们与广告中同时展现的价值图形所进行的交换，区分具体的个人，并将之称为主体：这个过程出现在《意识形态的国家机构》中（见第40页）。这一节想要说明的是**既存**主体是如何和以何种

形式被指名、区分以及称呼的。一个完整的主体是沟通的前提。"像你一样的人……"预设的内容包括：连贯的自我，这个自我处在一个与其他自我相比较的地位，和一个含蓄的"非你"(non-youness)——一个区别系统。我已经指出，区别对于意义来说至关重要：符号的定义来自它不是什么。为了完全成为符号，它必须同时指向一个"他者"，这个指称对象**不是**它，但包括在它的**含义**中。就像上一部分所说，主体确实可以获得一个由各种主观可能性组成的、在产品中融为一体的"完全形"(gestalt)，但同时我们能看出这种情况仍旧预设了连贯自我或者说主体的存在——或者至少，它预设了人们渴望拥有这样的自我。

所以广告做的事显然是将渴望的**对象**表明、展现给我们看。鉴于这个对象**是自我**，这就代表着当我们通过以他/她符号进行交换诱捕/制造主体时，广告实际上依存于主体本身对自我连贯性和含义的渴望。这就好比是驱动广告这辆车的能源，实际上也是如此。

但除非我们假设任何地方的任何人都天生渴望同时拥有连贯性和个性（这些事物的重要性在不同社会中有所差别，所以它们不能超越时

间和空间的限制），否则我们必须回头确认社会和社会中对自我的重视。我并不否认自我的事实存在，但重要的是研究创造自我的途径，因为这与广告中的**再**创造必然有千丝万缕的关系。

上文将意义定义为一个差异系统，其中每个符号都指向一个"他者"，也就是它的指称对象显然是差异系统的类似产物，因为在社会中，我们每个人都是代表自己的符号：就像列维-斯特劳斯所说，我们都成了自己的"图腾"。所以社会的指称实践与我们是什么——我们是谁紧密相连。我描述这些背景是为了接下来重点讨论这与广告之间极大的关联。我将要使用一些来自雅克·拉康（Jacques Lacan）的"工具"，因为我相信它们是理解广告中意识形态自我再生产过程的宝贵工具。

拉康的心理学理论很重要，因为他认为意识是**创造**出来的，而非本身固有的：主体产生于塑造，而非与生俱来。创造"意识"的理念显然与意识形态过程紧密相关。牛津词典中将**主体**定义为"**有意识的自我**"，在阿图赛的定义中，意识形态与主体范畴可以互相替代，这使得"意识"本身难免被意识形态化。此处并非贬义：意识形态可"好"可"坏"。但我们在决定如何看待它之前，必须打破其透明屏障，这样它就会像"魔幻绘本"一样显现颜色。阿尔都塞认为拉康革新了我们对弗洛伊德的**解读**，这让我们将单纯说话和听到的内容之下隐藏的"**含义**"看作第二种**相当不同的**、存在责任的话语，也就是无意识的话语。[①] 本书的策略大体类似于我对 A1 轮胎广告的分析：我们分解广告以揭示它是如何在明显"中性"的能指领域中发声的。我并不打算在"无意识"上过度纠结，因为它只有通过符号化表现被获知，而且不论如何，一旦被知道，它就不再是无意识了。这就是为什么拉康的一些术语比传统术语比如"意识"和"无意识"更有用。他用**想象界**（*Imaginary*）和**象征界**（*Symbolic*）来描述相同（一种完全的内在）和差异（＝意义）这两个

---

① Louis Althusser, *Reading Capital*, New Left Books, 1970, p. 16.

领域。

想象界和**象征界**以"镜像阶段"为轴心。镜像阶段的理论发展自幼儿在镜子前的观察。最初幼儿的自我认知只是未定型的"混沌"(hommelette)①（引用拉康原文）：因为它向所有方向流动，既没有良好的协调能力，也不能感知自己；在这一阶段，幼儿的自我和外界之间没有明确的区分。这种最初的同质状态存在于"将自我从笼统的感知中剥离"②之前，被称为想象界。

当幼儿面对他在镜中的形象时，他需要一个过程来**认识**自我——这"就是"他。这个"就是"——感知到镜中形象就是他自己——意味着自我召唤的过程与之前所说的召唤有所不同，因为幼儿仍会觉得他和外界是一体的。但形象作为一个整体，一个"完全形"的状态，与幼儿目前无法区分自我形成对比，这说明它仍被看作**异类**(another)。幼儿知道自己缺乏协调自我和外界的能力，也知道他无法将自己一次看全，所以他会察觉到镜中人是自己，却又和自己**不同**，因为镜中人有他所不具备的完整性。所以，当看到自己完整的肉体，幼儿需要将自己的身份拆分开。拉康将之称为客观世界的"原型"，因为**镜像自我**(Image-I)（镜中倒影）的空间也是客体的空间。他的整体形象拥有一种状态，让主体永远可以将他自己放在一个等同**客体**的位置上；而意识形态的形式正是利用了这种状态。

在想象界，幼儿仍然被他自己不完整的形象捆绑在一起；幼儿和他的形象，"主体"和"客体"并没有被区分。这种虚构的完整性被拉康称为**理想化自我**(Ideal-Ego)，通过用想象在倒影中捕捉自我而形成。他们的"完整性"是一种欲望的飞跃。因为镜像自我在空间上与幼儿分离，其中联系必然来自想象：将他者当作同质(the Same)必然在定义上就是想象的。但在镜像阶段，还存在着"语言学习"(apprenticeship to

---

① 拉康将人（homme）和像鸡蛋一样的混沌状态（omelette）组合成为 hommelette，用来描述婴儿最早的状态。——译者注

② Freud, *Civilisation and Its Discontent*, Hogarth Press, 1975, p. 4.

language)，因为自我割裂创造了树立自我意义的潜力。这里需要强调的是这种"差异性"(otherness)在创建语言中的主体时必不可少。**象征界**是在建造差异，因为符号不再与其指称对象一起坍塌；幼儿与他的形象分裂开来。

总结来说，幼儿和他镜中形象的关系涉及两种互相矛盾的感知。其一是他和镜中形象相同；在想象界这一水平上，镜子的障碍被打破，幼儿的自我和其镜中再现的自我形象之间产生了身份流动，这种想象中的完整性就是理想化自我。但与之相悖的是，为使这个形象可以代表"完整"的自我，它必须与自我相割裂；因为符号必须有所**意味**，为了让形象"意味着"他，它必须不能就是他。所以这构成了两块区域：存在**相似性**的想象界和存在**差异性**的象征界，也就是表示象征的区域。

但"形象化自我"的存在只是为象征创造了**可能性**；这在广告的关系中是一种非常有提示性的观念。镜像可以被看作对自我的空洞能指；通过它的距离和相似性，它为符号提供了形式，但这是一个空洞而没有内容的符号。它可以代表这个幼儿，但直到他将自己和其他人区分开之前，它无法作为"社会化自我"(social-I)，在社会身份方面代表他。他尚未形成可被代表的社会化自我。所以镜像可能对幼儿的身份认知具有潜在意义。但在这一阶段，他的身份尚不明确，不具备象征界中的区分含义。幼儿和他的形象在想象界中仍然是完整合一的。

幼儿的性别意识打开了通往**象征界**的路径。正是性别差异创造了"社会化自我"。一旦"社会化自我"形成，幼儿就无法回到原先完整的"理想化自我"状态，因为现在镜像中呈现的是社会化自我，而这是象征性的表现。这个形象被固化，有了形状，因为它所反映的幼儿已经（按照原样）与他所不代表的东西分割开。镜像现阶段在与幼儿相关时有了特定的含义，所以他不再能与之完全融合。对他来说，镜像代表着自己。而在与他人相关时，**他**代表着他自己。

一旦幼儿跨过了想象界和象征界的边际，他就回不去了。但尽管理想化自我中虚构的完整性被打破了，主体依然会被其幻影困扰。拉康称之为**自我理想化**（*Ego-Ideal*），暗示着自我希望恢复先前的完整性，同时又矛盾地想要一并拥有新的社会身份和旧的完整性。当主体进入语言领域，也就是象征界，与镜像融为一体的欲望再也不可能实现，因为此时形象已经变成了象征性的表现，因此无法与其指称对象重新调和。所以"自我理想化"，也就是被社会化**之后**完整的自我**概念**，是一种获得语言之前想象界中实际理想化自我的符号和回声。我们与**象征化**自我合为一体的欲望根据定义只能在想象界中得以实现，而这并不能被精确复原，因为自我在这里**就是**象征化的。所以自我理想化的欲望永远不能实现，即使在想象境况下调用也是徒然。

恰恰是意识形态作为一种涉及**身份识别**的表现体系，可以并且确实干预其中。这种形象——（拉康认为这是镜像）让我们最初认识到我们自己和他人有区别。但用这种方式表明我们的同时，因为形象/自我之间无可避免的符号/指称对象关系，它又与我们割裂开。我不相信**镜中**形象本身是关键：因为除了看向玻璃之外，我们还可以通过许多其他方式看到自己。我更倾向于以"镜像阶段"这个概念作为**隐喻**，概括所有社会和外部对个人的反映。因为拉康说当主体"将自己拴在一个离间他和他自己的形象上"时，自我是由其形式和能量所构成的，所以自我"永远被束缚在现有身份（lived identity）中"[①]。

显然这和广告的过程非常相似，它向我们展现了一个我们渴望拥有但无法获得的形象。在上一章我说明了"镜子"的概念给予自我空间上的统一，但又与自我在空间上产生距离。在 c 部分我同样研究了特别为指示广告的主体设置的名为"受众空间"（receiving space）的孤立定位。根据拉康的说法，"……镜像阶段是一出戏……当主体掉落在空

---

① "The Mirror Phase", *New Left Review* No. 51.

间认同的陷阱中时，**这出戏替主体制造出连续的幻影。这些连续的幻影从碎片化的身体意象到其整体形式……**"：这导致了"爱上异化身份的终极臆想"①。

广告通过将我们构建为交换过程中的一件物品来异化我们的身份，这个交换过程必须由我们自己实现，因此挪用了**我们的**形象，这个形象将我们自己的"价值"还给我们。在 A22 六号香烟广告中，**你**赋予了产品形象／价值（因为正是像你一样的人在抽这种烟），然后通过购买这种产品，你重新收获了这个形象。所以**这种**异化来自产品。然而，六号香烟广告画面中的人**同样**给这件产品以价值——塑造其形象，"表示"它，同时使用它。所以我们和产品的关系与他们和产品的关系是一样的；它成了整合他们和我们的"镜子"枢纽，尽管我们在空间上是分离的。同样，我们是那位"宝贝"，玛葛·海明威也是（A9）。所以鉴于"他们"，或者说她出现在了**广告中**，使得她和我们之间达成了跨越空间距离的认同。在 A8 中，凯瑟琳·德纳芙与我们视线平齐，其他广告也大多如此，广告中有一双眼睛深深凝视着我们，与我们的视线相交融。然而 A27"完全形"广告中的视线全部混乱了；这里的重点是完全的主体离开了画面，并不在场。这里，空间认同涉及了完整化的过程：想要在广告中用单一人物整合"支离破碎的身体形象"，我们的立场正像在看镜子，看到的是一个**已然**统一的人。换句话说，在"分裂类"广告中，我们仿佛是在看向窗**外**，因为我们为不相干的人提供了不存在的统一；我们的形象是完整的，或者说我们想成为完整的。但凯瑟琳·德纳芙和玛葛·海明威的出现给予我们单一的表现，她们与我们的关系可以用"镜像阶段"理论阐明，而不可调和的"想象界"和"象征界"这两类区分必然牵涉其中。

广告作为意识形态机器（ideological apparatus）和象征界的表意系统，可以**再现**主体在想象界中的地位。广告通过建立它和你之间的积

---

① "The Mirror Phase", *New Left Review*, No. 51.

极关系，为你创造了一个实际上不可能存在的虚构的自我统一：也就是"自我理想化"。广告展现给你一个代表你自己的象征，为的是吸引你的欲望；广告暗示你可以**成为**你面前这幅画中的人。但它**不可能**与被"客体化"的你自己相互融合：这种欲望仅仅延伸自对想象界中理想化自我的欲望，而这种理想化自我存在于人进入象征界之前。我们必须认识到，主体不可能完全回归先前的镜中状态，想要理解广告就要理解一个基于象征界顺序的差异系统。广告能做的只是**歪曲**主体的地位，从而歪曲主体与其之间的关系。广告掩饰了其象征性本质，使用符号让你感受到完整，虽然这种完整只存在于想象中，却可以颠覆象征界。但符号与指称对象混为一谈（意识形态的这种功能将在第三章予以讨论）——以及主体和形象之间界线瓦解的意味不亚于绝对踏入象征界。所以广告构建的象征系统是对想象界的挪用和明显再现；所以这体现了镜像阶段本质上的矛盾。广告将他者的形象悬于我们眼前，引诱我们变为其同质：它利用了我们退缩回想象界中与自我理想化统一的倾向。广告让我们看到代表统一客体的**符号**，将我们诱入追寻不可能的陷阱。

前几章中的广告揭示了符号和指称对象的合并，例如幸福就是哈姆雷特牌香烟。但符号和其指称对象是"镜中"形象和其主体（自我），这意味着抹去了**看向**广告的人和广告**中**的人之间的隔阂。**欲望**正是象征界中这种过程的根源，同时意欲抹杀其本身存在。欲望同时指向符号和与符号的统一：所以它不会识别想象界和象征界的界线。因为欲望永远无法满足，所以它永远在盲目地追寻高不可攀的目标，并且水涨船高。

同样，在广告中，符号从来不**是**指称对象，图画也不是它所代表的内容——但欲望认识不到这些。广告的这项功能用于编造基调的不平衡：在一个符号与另一个符号之间，在被标示的他者和自我之间。正是欲望横亘在这个空间中，制造了缺失。我们意图融入或者组成标示我们的某样东西，而这种标示之所以能实现，是因为它与我们相互分离：

如果凯瑟琳**就是**希斯克里夫（见第一章），他们对彼此就不会存在深刻的意义。

欲望在试图统一自我和他者时，总是可以越过两者之间的沟壑。克里斯蒂安·梅兹（Christian Metz）①在《想象的能指》（*The Imaginary Signifier*）一书中明确指出："……欲望只是表面上灭绝了，之后会迅速重生，它的持续性很大程度上来源于欲望的本质……它希望填充一切缺失，同时也总是小心地留下缝隙，从而让欲望继续存在……它追寻的是想象中的事物（一种'失落的'事物），这是它最真实的目的，一个永远失落却永远被渴望的目的。"②

A31：这张广告是特别明显的"拉康式（Lacanian）情景"，尤其因为这是个旅游广告，这个概念正好挪用了横亘在你和"真正的你"之间的距离——"真正的你"在空间上是出走的，它去寻找"失落的"自我了。

A31

头一句话就是个问题："你最后一次做自己是什么时候?"广告关于**旅行**，而这个话题终结于："一切交给我们，你只需尽情享受自己。"最基本的实点是选择汤姆森假日旅行社（Thomson Holidays），你可以自由又快乐，但其中嵌入的框架更加重要。汤姆森假日旅行社不仅让你开心，他们还引导你重拾"从前的欢歌笑语，活出精彩的自己"。如果你与汤姆森假日旅行社一起**"突破"**（*break out*），你将**"几乎**

---

① 克里斯蒂安·梅兹：法国电影理论家，以电影符号学的先驱而闻名，他将费迪南·德·索绪尔的符号学/符号学理论应用于电影。——译者注

② *Screen*，Summer 1975.

觉察不到你自己"。显然，旅行已不再是真正的度假，而是被用来填补自我和自我理想化之间的空隙，它让自我"勒紧皮带难以呼吸"，又暗示自我理想化才是你真正该有的样子。这里旅行成了一种逃离社会化自我、回到想象界的方式：我们需要注意到，例如"带孩子散步"（baby patroller）会抹除你在社会关系中的位置。旅行消解了尼斯①和耶路撒冷的**差异**；它没有将这两个地方打造成象征界中的一链，虽然这是它们（在这个背景下）的本质，而是将这两个地方作为**假想的**自我**可能性**。一方是由于"一些讨厌并且无法预料的事情发生"而受惊的自我，另一方则是被离间而需要重新追寻的自我，也就是"想要尖叫着冲出你体内"的东西，两者之间需要旅行社进行交换，而连接两者的旅行社正是汤姆森假日旅行社。

一切伴随着表示"他者"的词汇而出现的形象都被锁定在停滞的瞬间里（他者已经与我们掺杂在一起，因为我们即将购买的旅行服务将填补两者之间的间隙）：吃饭、游泳、跳舞、**观光**：最后一张图上，一个女人仿佛在观察一张纸的背面。她可能是要买她所凝视的东西。她意识到了什么，就像我们也许会在窒息的自我和汤姆森假日旅行社提供的"真正"的自我之间意识到自己。在那对向太阳走去的夫妇背后，我们也许会在一个类似的地方找到"**活出精彩**"的自己。这种同义反复揭示了这段逃避现实的旅程中"发现""真实"自己的虚假本质。

(f) 被塑造的自我

在这个语境下，"永远失落的事物"（见上文）是本可以完美呈现的自己。镜子完成了这个呈现，同时又将你从中分离，这点明显展现在下一个广告中：

---

① 尼斯：法国南部沿海城市。——译者注

解码广告：广告的意识形态与含义

A32：这个镜中形象分割了你、"不满意你的皮肤"以及在广告的镜子**中**你完美的皮肤状态：你的皮肤冲你微笑，这体现了**你**和**你的皮肤**之间的差距。这就是镜像中物体的状态：你的皮肤被分离出去；但与此同时，因为在"你的"镜子右下角照片上的人不是你，所以广告又强调了其实镜中形象就是**你**——照片中的男人正是你希望吸引的"他者"。在现实中这些照片和"你的皮肤冲你微笑"同样与你割裂。但通过在画面中展现镜子，你的立场必定等同于正在看镜子的女孩；你在广告前的空间被其本身结构挪用了。同时，像这样将你放在镜子前，可以让你融入镜中的物化世界，因为尽管事实上她**是**他者，我们的空间位置却意味着我们理论上可以与她合并。

When did your skin last smile back at you?

If you're not happy with your skin, get Glow 5.
You'll soon brighten up. Because Glow 5 Beauty Mask
works like a magnet on those impurities that dull your
skin . . . draws out grime and old make-up. You can
feel your skin starting to glow.
As Glow 5 cleans your pores, it makes them contract
so they don't show. Your face ends up silky-smooth.
Beautiful!
And that's something to smile about.

Glow 5

BEAUTY MASK by ANNE FRENCH

A32

A32 中，你的皮肤被镜子分割到你之外，成了客体，下一个广告 A33 则展现了这种分割导致的结果；你和你的皮肤竟然发生了冲突。你身体的表层被排除在"你"之外，在 A32 中表现为完美微笑着的你，在 A33 中却成了你的敌人。值得注意的是，两个广告中的女人都平视着你——她像你自己的影子一样直直地盯着你。

A33：这里想表达的是你的皮肤可能会"让你失望"，说明它被看作与"你"分离的东西。你和图中女人依然有差别，因为你如她所说在担心你的皮肤会不会让你失望，而她的皮肤显然完美无缺。留意她拿着一张镜子，但没有在看。她直接看向观众：所以这让我们想起了镜像关系，但鉴于站在广告前的是我们，我们就取代了"她"和"我们"之间隐形的镜子。

Your age is no secret, if your skin lets you down.

A33

这两个"镜子"广告直指你的脸和皮肤，这不是巧合。这是生产商从字面意义上挪用了你。他们的产品可以用薄薄的一层化学面膜覆盖你：你在镜中看到的表面同样可能是"他们的"，而不是"你的"，例如 A32 中是安妮·弗兰西（Anne French）的"美丽**面膜**"。镜中你的外表、你的脸已经成为客体；所以它也很容易就成为制造商的财产——并被看作可以买卖的。所以我们的脸被镜子剥离（你看不见你自己的脸），它可以被完全剥夺，因为**只有我**们的脸出现在**画面**上，与我们保持距离时，我们才能看到自己完整的脸；在接下来的广告中，我们的脸不再是作为消费者的我们的一部分，而变成了**产品**的一部分，并被我们买回来重塑自己。

这暗示着我们可以和我们被挪用的形象重新获得统一；我们的脸永远是镜中的他者，但又确实属于我们，所以为什么这些脸不能成为"我们的"？

解码广告：广告的意识形态与含义

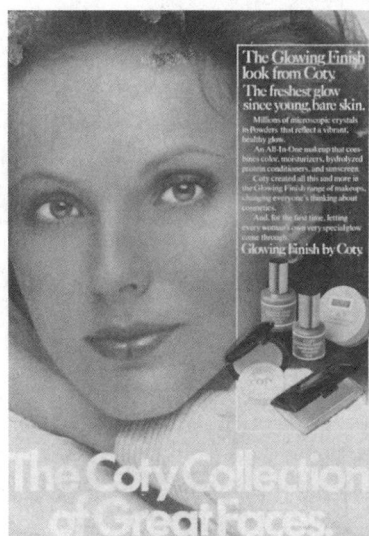
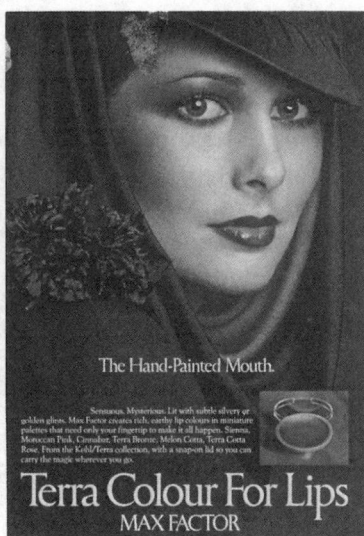

A34   **A35**

A34：脸是系列的一部分："科蒂（Coty）系列精致面颊"告诉我们它是为他人**拥有**的。它成为了艺术品：换句话说就是客体。它成了一种事物，被归于其同类，而不是与人或是身体联系在一起。

A35：在 A34 中，脸被看作一件艺术品，照片的纹理被处理得像油画作品。但在 A35 中，整张脸的物质本质，意味着它也一点一点地变成了客体："被画上去的嘴。"

A36：这里，眼睛是脸上被特别塑造的部分。这里的关键词是"塑造"：露华浓（Revlon）塑造了**你的脸**——简单地让它成为"这张"脸，或者任何脸。这是一件产品；露华浓实际上只是制作化妆品，但化妆品被等同于。眼睛被重点强调：**这张**脸加上**这双**完美的眼睛。**量词**在这里突出强调了这张脸的物质性；三张小图表明这张脸确实是可以量产的。这些小图中的眼影颜色各异，脸却一模一样。这表明脸仅仅是个傀儡，只是为眼影色号提供展示**场地**。此外还需看到，这双完美的眼睛并**不**直视着你：视线穿透了你。这里，脸和眼睛与我们分离到底，被看

作客体,甚至没有通过对视和我们产生一点点关联。

　　鉴于广告宣称你的某部分是与你相分割的客体,为了重获这些"失去的部分",你必须购买他们的产品,用来在你自己的"备用器官"上重塑自己,变成某种"人像拼图"(Identikit)。地铁电梯上有个男装广告,上面是"适用于你所有生活"的衣服精选和全套配备,这被描述为"标配生活方式"(Lifestyle Kit)。这种——标配生活方式——正是广告明确提供给我们的。通过购买具有特定"形象"的产品,我们塑造了自己:我们的性格、我们的品质,甚至我们的过去和未来。这是一项相当存在主义的概念:存在主义在意识形态中非常重要,因为它让异化的现代生活具备了哲学上的必然性。萨特(Sartre)在早年生活中说过,"我不停塑造自己:我既是送礼者,又是礼物本身"[①]。他在此描绘的自身成长经历是广告和消费主义最为异化的方面之一。我们既是产品又是消费者:我们消费,购买产品,但我们又**是**产品。所以通过**购买**的行为,我们的生活成为我们自己的作品:这是我们通过购买产

---

① 引自《萨特自述》(Words),萨特的自传性小说。——译者注

品树立起的不同自我形象的拼图。我们**变成**了塑造面颊、双眼和生活方式的艺术家。

A37：这幅广告中蕴含的自我艺术性触目惊心。"你的生活总的来说"是一件作品，是被制作出来的东西；就像艺术创作的小说，它可以"谱上曲子"。这句话非常有揭示性：它将人们的**生活**展现为一部不断放映的电影，音轨就是你的生活记录。广告商的这两句话中另外隐含了可怕的终结暗示："你获得了完整的生活"——这就结束了，完成了。它再不改变。下一步，同样是静止和终结，因为这仅仅用于与"谱上曲子"的第一步并列。

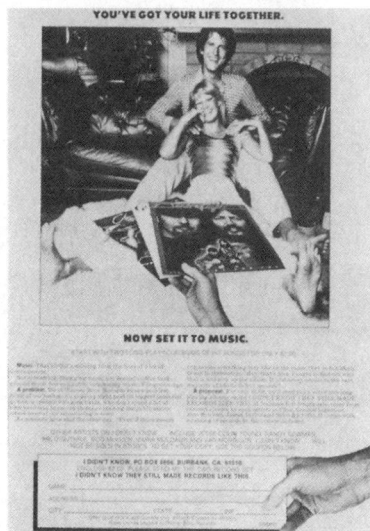

A37

给设定好的生活谱上曲子，使生活本身成为一种可以买到的人工制品。

第三章 破译符号：阐释学

面具清晰可见，其下却一无所有；这个表面仅仅遮蔽着它本身，而且鉴于它暗示着其后有所含义，使得我们以为它不仅仅只有表面。

J. L. 鲍德里[1]

阐释学

我将之单纯当作解读，不过是在破译密码的层面上的解读，或者说从一种语言翻译成另一种：正是解读打开了通道，从被解读的客体通向其后或者其上甚至在其深处的"含义"。（在某种意义上，柏拉图主义和经验主义是紧密关联的两种极端：它们分别在事物之上和之内寻求"真理"。）

广告愈发将我们关在一个可被解读的世界中：一个意义的世界。我们城市生活中的事物都以象征形式存在：物体被移出其在物质世界中原本所处的位置，脱离其本身的物质背景，变成了仓储和海报上新的象征含义，不再是**事物**，而变成了符号。由于广告的部分"想象界"功能

---

[1] In *Afterimage* No. 5，Spring 1974，p. 27.

试图混合两者，所以这些符号变成了事物［参见第99页"书写法"（caligraphy）一节］。如此，广告将周遭的物质世界编码，创造出了一整套谜题——我们只有通过"破译"才能介入，并且需要停下来研究出"解读方法"；我们必须"看懂"吉尼斯广告里最新的笑话或者双关。正如列维-斯特劳斯所描述的，用部落心态（tribal mind）①看待自然世界，就会发现其中充满需要破译的符号。自然形成的语意世界被符号体系所取代：而符号体系又被灌输为"自然"状态。我在此前展示了意识形态是如何在自由状态下表现主体的（它构成并定位了主体）——这种状态是自由民主的基石。显然，广告对产品、人群或语言的排斥与其惯常的丰富性截然相反，这让主体有了一种他可以"自由地"给自己赋予含义的错觉。我已经婉转指出过为什么说这种"生产"的实质是**消费**——**自由永远是广告给你的定位**。

广告要求我们填补**缺失**的内容，为此我们需要"破译"并"思考"它的笑话和谜题，但这些诠释过程显然**并不**自由，而是被限制在广告谨慎设置的渠道中，为破译广告本身服务。一道谜题只有一种解法。缺了一块的拼图，只能用特定形状来填补；这种形状取决于周围其他部分。依照我们此前介绍的广告内容限制，麦克森必须停止宣称这个牌子的啤酒"对你有好处"。所以麦克森选择摘取旧口号的部分内容："看着好，喝起来好，而且天啊……"现在，我们必须自己来填充空出的位置。它明目张胆地要求我们解释其中含义，而唯一的正确"答案"就是"它对你有好处"。我们被反向引导回广告本身（见第八章）的原始形态，而我们因此得知该用什么来填补间隙。这只是一个用来说明广告是如何武装并引导我们"自由地"参与到其含义过程之中的例子，这种参与一般是填补空缺，或者"听懂"笑话。

空缺和不在场在广告特性上没有本质区别。弗洛伊德引用了西奥

---

① 部落心态意为人类构建并将自己归属于不同种族、宗教、阶级等派系。——译者注

多·利普斯(Theodor Lipps)①对笑话的描述:"笑话用**最少**,而不是很少的文字表达了它想说的内容——就是说这些文字从严谨逻辑或者通常的思维和说话模式来看是不够清晰表意的。甚至很多内容可以通过沉默来表达。"②所以笑话中缺失的内容往往表达其**含义**。我们必须突破障碍达到结果;笑话都是荒谬的,直到我们看穿它的"点子",明白它凝练和不合逻辑的表面之下隐藏着什么。凝练确实是笑话的重要特质之一,笑话想要简练,其"完整"的含义就无可避免地被浓缩,从而造成缺失。而广告中切实的缺失,就像在文字拼图(例如填字游戏)中,总是暗示这里**应该**有个什么东西,换句话说,这个被填充进来的东西就是**意义所指向**的对象。

所以广告不管运用了笑话、谜题、幽默还是有所保留,都包含缺失内容留出的缝隙或者间接意指,而我们需要通过广告来获取缺失的含义。我说过,所有广告都是符号;但这类特殊广告让我们觉得我们可以通过广告本身掌控其**指称对象**。这类广告是明显的符号,我们必须"解出"其含义(例如后文中双钻系列),所以它们看上去不太像符号,因为无须越过障碍就能了解其含义,而它们本身看上去就成了通向指称对象的自然路径——这防止我们去评估符号和指称对象之间的真正关系,从而发现广告获取含义的真正过程。

上文引用内容中的概念仿佛一层覆盖的假面,完全忽略了在追求诠释所指过程中能指的物质性,也就是"隐藏的"顶点(apex)。我们已经看到广告的工作中涉及很多复杂的心理过程,而广告中的不在场和谜题让我们进行"有意识"的活动,这些活动遮盖了无意识的过程。它们将"明显"的含义变成潜在内容展现给我们看,从而掩盖了真正的"潜在"含义。在第一、二章中,我主要研究了广告作为意识形态系统是如何挪用意义和心理过程体系的(这就是为什么符号学和心理学对于"解

---

① 西奥多·利普斯:德国哲学家。——译者注
② *Jokes and Their Relation to the Unconscious*, Chapter one.

码"广告而言有很高的价值）：这两个领域的融合使我们自身变成符号，也就是变成了交换体系的一部分。重要的是我们作为单独、"自由"的存在，要出现并**掌控**这个体系，而不能被物化为系统的一部分。在**破译**符号的过程中，我们被构建为含义的发现者，参与了"有意识"的活动，这让我们看穿被遮住的表意过程（signifying process），获得升华的信息；所以尽管我们参与了阐释过程中有限的"破译"工作，我们还是会忽略表意系统本身。我们的"主动"参与使我们难以觉察其实我们进行了更复杂、更随机的工作。我一直关注广告的形式结构和物质表面是如何在"表示"主体的过程中发挥意识形态方面作用的。这里重要的是广告通过参考表面下的"现实"或"含义"，对其实现内嵌式隐藏：这张假面"除了它本身，什么都没掩盖"。

在指向被掩盖的内容或者通过制造缺席来揭示这些内容时，广告尽管有时呈现出"被遮挡"的状态（也就是需要破译），但目的都是将之完全透明化：广告意图假装它们与"含义"，亦即能指与所指之间是1∶1的等同关系。这否定了我们至此对所指复杂工作方式的探讨：因为如果能指直接引出所指，能指就仅仅是一个窗口，或者说是一条通向所指的谦卑（self-effacing）的道路。我们在第一章最开始就否定了"含义"隐藏在象征和形式后面，并由它们直接表现这一观点。但这一章中所有类型的广告都在重述这一观点。尽管涉及缺席、双关或者书写法的广告看似迥然不同，但不容忽视的是它们之间相似的深层假设：**广告的符号系统直接指向现实意义**。广告的符号系统只会表现"已经"在那儿的东西。

这否认了广告可以塑造一切，可以作用于你，或者挪用含义——虽然我们都认为广告做的就是这些事。符号具有代表性：含义预先存在并且可被我们获取，这个观点对意识形态而言必不可少，因为我们仿佛可以借此自由地理解一个**存在**秩序和含义的世界：这反过来模糊了"秩序"和"含义"其实是由意识形态决定的，而非"真正"地"既定"存在于世界中。但当符号指向的内容高于它本身时，它仍会宣称只是如实地再创造了一个系统；符号仿佛对其形式具有外部赋予的权威。本章中的所有广告都在诱导我们觉得我们在阐释**现实**，让我们以为广告是在直接而非扭曲地指向现实。关键点是广告中的符号当然指向现实——符号表现的都是真实事物；但这些事物被从我们的物质生活中抽离出来。这些内容被构建为象征系统，**不再表现这些事物在我们生活中的真实位置**：它们在意识形态中被重新定位，被用来"意味着"一些新东西。正如我之前所说，产品被生产，然后被消费，但这是隐藏的。意识形态表现了**真实事物**之间的**假想关系**；而在这些"诠释性"广告中，因为出现了真实事物，我们发觉含义好像是真正的含义。这就是为什么意识形态难以被锁定并拆解：因为它一直在重新阐释现实。而且因为符号将自身设置成对"现实"的简单表现，从旁佐证了意识形态的"透明"和"清晰"。

鉴于此书的第一部分将于本章结束，我决定重申这一章延续了前几章观点，并将之适用于本章的"缺席""语言"和"书写法"这三节内容。第一、二章初步揭示了广告隐藏了一些**内容**，这一章则要研究这些内容是**如何**被隐藏的。

广告中对缺席和"阐释"的应用展现了意识形态功能，因为意识形态包含了创造可以"自由"行动的具体"主体"。第二章分析了由于我们的参与，广告一方面将我们构建为主体，另一方面将我们当作"自由"的主体，可以永远重塑从一开始就将我们"指名"为主体的意识形态。我们在心理分析领域的简单探索展现了成为主体的过程是如何与进入象征界这一新的语言世界相映衬的：因为成为主体需要区分自己和他者，而这种区分也让意义得以产生（见第一章）。语言一直是差异体系。社会身份亦如此。拉康的作品展现了主体并非既定存在，而是被**塑造出来**的：他同时进入社会领域和语言领域，而这两者位于象征界的不同位置。通过识别其差异、他者性以及他不具备的特性，主体被"切除"在世界之外。

这些关于如何塑造主体的描述显然与填充广告留白的观点密切相

　　　　　　　　　解码广告：广告的意识形态与含义

关,因为留白往往取决于它不具备什么特性以及**周围物体的随机性**(参见 A39 以及后文中的 A87)。广告诱导我们将自己置入这个被"切除"的空间;于是我们重演了进入象征界的过程。广告**内**的事物意指我们,也就是缺席者;它们影射着不在场者,也就是广告的观众。这是一种**经典的表现形式**:符号通过**既存**(present)来替代**缺席**(absent)。广告玩弄既存/缺席的游戏,创造出了象征世界,其中根据既存的内容决定观者替代了什么——他的位置取决于广告中的**事物**。意识形态是用来**定位**主体的具体体系;这里**定位**的也可能是一种"自由"。而定位向来依赖于周围情境(contingency)。我们通过一系列的关联和差异来**表达想法**,就像单词在句中表意。我们的定位既来源于在广告中填补空缺,又来源于我们破译广告进而与之关联。意识形态中的自由幻象表现为广告的可阐释性:我们可以"有意识地""制造"含义。但最终这和把凯瑟琳·德纳芙与香奈儿关联在一起的过程一样:我们**交换**了既存者和缺席者,也就是能指和所指。这种"阐释"与其说是**制造**,不如说是**消费**——我们并没有制造出什么确凿的"含义",而是消费了事先设定好的"解答";正如之前所展示的,广告本身界定了这个过程。

但在"象征界",带来意义的差异却永远被广告幻象中的相同点所掩饰。在用既存交换缺席、用符号交换含义的过程中,广告臆断了两者的**特质**——即两者并无区别。在下文所有广告中,既存物和缺席物之间清晰地体现为对称关系:能指是所指对称后的重塑。这种对称意味着能指可以完全"代表"所指——这里所指虽然空缺,却被其所呈现的内容完美地凸显出来:例如下文第一部分中的广告。这种暗示所指即将切入的缺席只是下文中第二类广告的变体,其中**能指**太过明显,以至于被埋没在所指中,让我们一眼看到所指。换句话说,在能指和所指所占分量为 1∶1 的替代关系中,任何一方都可以用来替代缺席的另一方。

这些替代表现了本章第一节和第二节的特征。但这种 1∶1 关系的第三个方面是能指和所指会相互融合,试图将符号和指称对象混为一谈：书写法让符号等同于事物。但这只是广告用符号"代言"它所代表事物的极端例子——广告投入地用它的现实取代我们的现实，使得其所表达的"事物"被盗走，变成了经过异化的象征。

A38完美地证实了上文概述。广告通过变成指向现实的符号系统，变得"透明"而"自然"（见第四、五章）：我们**被引导着穿过它们**进入现实世界：

A38：这则广告邀请我们参与——我们必须首先**参与**幼儿的游戏或者**猜**谜语以牵涉其中。广告获取意义的过程有赖于我们有意识的行为。所以这则广告着重说明了我们在其框架下既自由又主动：我们**用不着**剪开屏幕；但如果我们真的参与，那么我们就会**选择**依照它的指示行动。接下来，我们会**亲眼看见**这个产品是如何工作的。

Cut out the screen and hold the page up to the window.

Lifelike, isn't it?

SONY

A38

我们应邀填补**空白**：我们需要提供空荡荡的屏幕"背后"的内容。这个内容**就是**现实世界。这则广告仿佛可以独立存在，但它还是受限于电视屏幕：它的意义被广告预设好了，它被限定在广告的范畴之内。所以我们受邀来填补屏幕上图片"背后"的世界，而这个世界实际上仅仅是个用来表现索尼电视画面这一**产品**的象征。但这同样暗示了**广告**在表现现实。

这则广告将"填补空缺"变成一场游戏：所以它连接了下文第一节和第二节中的观点。空缺看上去是根据我们的选择随机填补的，但实际上因为电视边框的**存在**而被限制住了；空缺中的内容是必须由既存者界定的。这则广告同时展示出它在尝试突破或者绕开能指，直接看向其后的所指；更有甚者，它将所指和指称对象混为一谈，实际上此处所指是电视画面，但图中"指称对象"的缺口，也就是电视上表现的现实，将我们的注意力从所指转移到指称对象上，从而让广告处于透明状态——它完全否认自己是个符号。这与第三节中书写法的概念有关（此处语言成为符号）；这则广告没有**用语言**描述一台画面精美的电视，而是力图直接**展示**，将指称对象搬到纸上，从而将完整的指示过程变得"显而易见"。

(a) 缺席

上一章全程都在验证广告进入受众空间的方式：它们的获意过程需要你的存在，并且依赖于潜入你的意识。鉴于能指被赋予了"潜在"含义，它很大程度上看似被绑定在我们认知力的"无意识"范畴。但我们通常会关注广告传递的"信息"。我们感觉这个信息远道而来，而我们并不了解整个过程，因为在广告的形式中，对**物品**的实际布局搭载着"信息"，从而在我们的脑海中生成含义。重点是广告**让我们介入含义产生的过程**，让我们来将含义"合理化"。

然而，上文中提到，广告对我们掩盖了这些方面，让我们将注意力放到"信息"上；如果我们需要四处搜寻信息的话，就会更容易被信息转移视线。信息最大的作用不是促使含义浮现，而是将意义一直保留到最后，作为广告的结论，或者破解广告的奖励，抑或是阐释性的"说明"。在破译表象之后，我们丢弃了表象，因为我们"突破"到了"隐含"意义的层面。所以这导致广告反过来潜入你的内心：你应邀进入**它的**空间，"发现"它的含义。

广告邀请你进入所用的最显著的方法是填补空隙。现在，在阐释学的宇宙中，含义一直是"缺失"的，因为它不**存**在于事物**之内**，而是必须通过某些（有限的）渠道获得解释：它存在于事物"背后"的想象空间中。所以在阐释学意义上，"含义"在需要破译的物体中永远是缺失的：这就是为什么必须破译广告。问题是这里的含义，也就是我们假设的最终"现实",本质上完全源于想象;但它被赋予了高于具体能指的本体(ontological)地位,而我们只能通过能指的线索来发现最终现实的存在。

所以待破译的系统中永远缺少"含义",表意表面的本质变成了通向含义的"窗口"(参见 A38);它们无可避免地成为"所指"揭示自身的领域,尽管就像前文所暗示的,这实际上是**指称对象**对所指的**遮盖**。例如在"镜像阶段",镜中"形象化的自我"表示的是"我",也就是**看向**镜子的人;但他永远不在镜子之内,镜中表示的内容通往外界,与它自身分离,指向指称对象。在我之前展现的广告中,被描述的人是你,也就是广告中缺席的人。

但是广告让我们忙于**破译**,忽视**理解**,所以广告同样忽视了意识在**根本上的缺席**,而这种缺席往往展现在广告之内。广告生产内在空缺,也就是**希望利用受众主体**(receiving subject)的空洞构建出需要用释义来填充的空隙。但这并不代表我们能自由**解读材料**:由于获取了特定的破译对象,我们的理解力被限制在唯一的方向。下面这类广告重新吸收了上一章结尾中描述的"自我塑造"(self-creating)过程——塑造一个供你**在内**工作的空间。广告一方面仍然暗中潜入主体,另一方面又给主体空出位置,从而让主体积极参与广告破译。广告并不隐瞒其此方面的特质,因此更具欺骗性;广告让我们来"发觉"那些"既存"的含义,从而掩盖了我们是这些含义的直接创造者这一事实。

广告中缺席手法的诠释性功能在下面一例中更为明显:

(a1)缺席的人

A39:这则广告里没有人,但我们通过已有的内容(纸张、卡片、戏票、帽子、地点)构造出了代表我们自身的特定人物;我们**"读出"**什么样的人**身边**会摆着这些东西。这些"线索"指向一个人——但他如同我们一样不在场。我们可以轻易融入并共享这种缺席:我们成了缺席的旅客。这幅图的视角使我们在空间上与之联系,(如同所有"古典"艺术一样)暗示了共同空间;一切都布置在观者视线之内,而这里观者就是被

　　　　　　解码广告:广告的意识形态与含义

广告"设定"为缺席的我们。将我们拉入广告的是广告中待"破译"的物体，以及它"所描述的缺席者"，这使作为观众的我们与广告中的物体之间形成了潜在巧合。但是，它们必须通过我们的理解指向其"物主"，而我们先入为主地认为它们作为符号，**原本**就具备意义：例如，《泰晤士报》(*Times*)是上流社会的报纸，伊斯坦布尔是异国风情的旅行地，而深色杯子代表神秘等。这些都是**指示牌**(*sign-post*s)而非**符号**

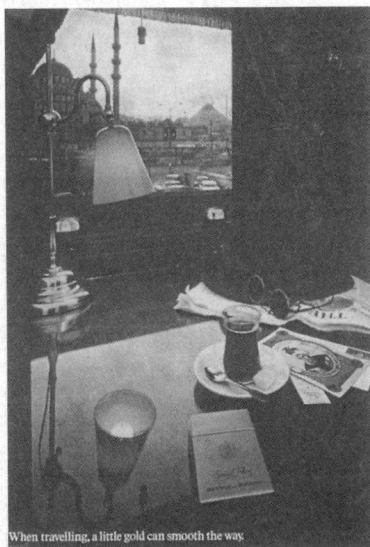

A39

(*sign*)，指向广告中明显缺席的人。这唤醒了我们在广告之外的符号知识；我们是在解读这些指示牌的过程中进入广告的。

A21 中也有类似现象，晚宴的主人没有出场，而观众则站在以他视角为基准的空间里。这些广告几乎都在诱导我们**反转**镜像关系：它引导我们进入镜子，成为不在场的那个人，而此人被我们取代，变成我们的样子。将"形象化的自我"从广告的镜像空间中移除的举动显而易见，使得**一切**广告邀请我们进入的举动显得透明无害。因为镜像空间虚位以待，我们进入和填充广告时不会感到任何排斥；正是因为他者的缺席，我们才得以与其相融合。这掩盖了我们和他者之间的差异；我们不再被诱惑着要与"自我理想化"(ego-ideal)融为一体，因为它不在场，而且已经融入了**我们**。想象中的结合依然虚无缥缈，而其虚构本质从未被注意过。 切都像 场游戏 主体捉迷藏。

广告中这种缺席的例子数不胜数——由于篇幅有限，我无法一一列举，而这类广告大多与 A39 结构毫无差别。讲解时间的第七章中有更多此类案例。一旦你留意到主体缺失的情况在图片广告比比皆是，你就会发现广告经常同时将你当作缺席的观众和缺失的主体,而省略了两者之间的差异。下面的案例可以说明这个问题,它留给失踪主体的空间是整个房间:房间就是商品。

A40

A40:此处照片的视角让你感觉你身处现场,你就站在摆着番茄的台面的右后方。**你就是那个失踪者**。同样,这里也有关于这个被排除在外的人的线索,这些构成了剪影的轮廓:厨房摆设标志着生活方式——斯科特·乔普林(Scott Joplin)①的音乐、葡萄酒瓶以及老式糖浆罐子。

葡萄酒、玻璃杯以及四个碗同样暗示着晚宴:这幅图暗含故事。叙事从前往后贯穿图片的视角(见第七章):作为观者的“你”手边放着番茄和洋葱,它们即将被切块烹饪,后方的酒会被喝掉,同时音乐也将响起。这种暗示中的叙事穿透厨房的空间,时间和空间的运动由此合而为一;但体感时间和叙事所暗示时间的长度在此并不对称,所以我们在时间和空间上都可以存在于这间空厨房的某个位置上:周围能指构建

---

① 斯科特·乔普林:美国非裔作曲家、钢琴家。——译者注

了缺席的我们。这是一种将广告各部分加在一起的"完全形",用于创造一个整体——缺席的主体。

此类"缺席"广告的另一个要点是它们牵涉(产生于周围环境的)叙事。A39 的主人公在伊斯坦布尔——旅行、打牌,或许处理外交事务,又或者所做之事见不得光(如同深色玻璃杯所影射的)。不论是哪种可能,场景背后都有故事,A40 的厨房广告也是如此。在第七章中,我们将进一步从时间方面细化对广告的分析。广告中给出的背景想说的是你就是这段叙事的主角:你应邀被关在封闭式叙述的空间中,叙述被阐释解读,因此变得开放。但它的开放只是为了把你吞入其中。

缺席的男人

另一种情况是观者的缺席,这通常与性联系在一起。重点是广告受众以观者身份进入广告,而非由于镜像关系将自己当成广告中出现的人。下面例子中乍一看**不存在缺席**,因为房间里有人;但某个人的**缺席**显而易见:图中缺了一个男人。屋中的"线索"指向他;而**图中女人更是这些线索之一**。在这里,广告中的空洞是带有性别的。

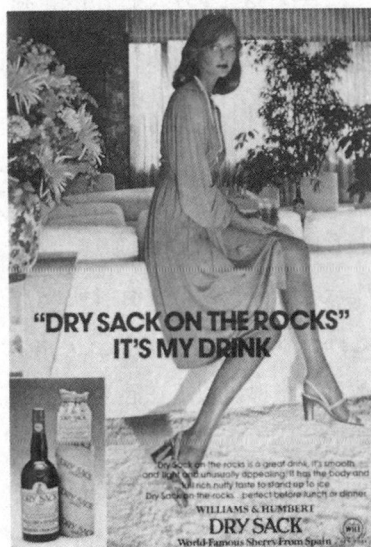
A41

A41 看不见的人:图中女人正在看向一个男人(也许正巧是读者:他被拉进来了):她好像在回答他提出的"你喝什么?"这个问题。她衣扣敞开,仿若挑逗,毋庸置疑地暗示着对面那个看不见的人**就是**男性;最后一项因素是她背后放着一盘国际象棋,暗示着亲密对象的存在,同时表现出她面对男性时的高智商,这证明她对酒的选择同样无可挑剔。广告传达的信息是她在一个男人的家里，而且穿着性感；她解开了裙子上的衣扣，这表示她在主动进行自我展现。（媒体中的）女性"完全由男性的凝视构成"。这个女人**确实**独立，**确实**果断而且知性："女性纯洁、自由、强大；但男性无处不在，他从四面八方逼近，让一切存在；他在被创出的缺席中获得永恒……"①男人没出现在照片中，却又无处不在，他扩散性的存在定义并决定了一切，而在他的条件下，女性必须定义自己。她注定要从**他**的眼中看见自己，用他的语言描述自己。

这种情况字面意义上发生在一个美国洗发水广告里："啧，你的头发闻上去真棒"。产品是用男性命名的，他创造了这个女人，即使她的洗发水也是从**他**的视角看向（或者闻到）她的一种渠道。这款洗发水广告的标语是"啧，你在好莱坞看起来真棒"：尽管我们看不到隐形的男人，但我们能听见他说话。

偶尔性别关系会颠倒，但这种情况很少见，而且语气截然不同。

A42：这里，男人的奢侈和**独立**需要有女人来欣赏。他的孤单、独立和男子气概都捆绑在一杯酒和一支雪茄上，从而"超脱现实"。他不同于**任何**女性模特，没有看向"观众"：他无须如此，因为观众会看向他。他没有看向广告之外。他不需要寻找取悦对象；他可以将视线锁定在感兴趣的东西上，比如此刻他手中的啤酒。我们被推销产品时**追随**着他视线

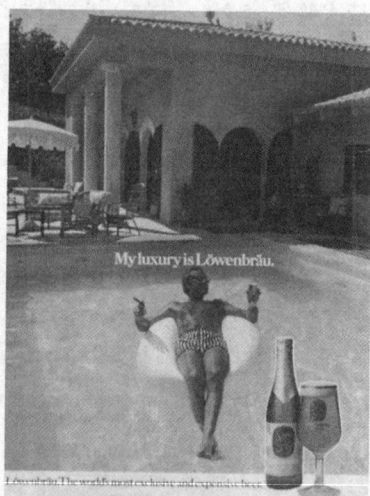

A42

---

① Roland Barthes, *Mythologies*, Paladin, 1973, p. 51.

　　　　　　　　解码广告：广告的意识形态与含义

看出去,而非(像看向前一个广告中的女性一样)**看向**他。前面讨论的广告中,女性夸张的挑逗姿态就是用来打破这种情况,吸引自由挑剔的男性。

所以广告希望你将自己与缺席者重合,通过摆放在周围的特定客体——比如一名异性——来塑造自己。

(a2) 缺失的产品

至此我们探讨了广告中的"缺席者"。但鉴于此人永远是由广告中的物体(首先是产品)塑造出来的,这个人与这些物体可以互换,因为它们的存在形成了他的不在场,随之而来的就是这项交换的另一面,**产品**同样可以从广告中缺席,而通过**人物**来表示。电视上曾有过一系列没有出现产品的淡味啤酒(lager)广告。其中一则广告中,两个工厂工人从传送带上拿起空玻璃杯,"喝"起了啤酒。工头从后面出现,要他们赶紧"喝完",因为马上就要"收工"了。另一则广告中,两个人走进酒馆点了这个牌子的啤酒,但酒馆里没有。于是两人拿起马克杯,同样"喝起了"看不见的啤酒。尽管这些例子中产品未曾出现,但通过这两个人——通过他们的态度和品位等——啤酒已经完全展现在广告中。同时广告中有需要填补的确切位置:**马克杯**作为容器出现,使得啤酒的真实存在显得冗余。所以在表现缺席的广告中,用来填补空隙之物的定义都是来自**周遭**的内容,而非简单取代:空隙**周围**的事物决定了空隙的形状。让这些广告与众不同的是用来填补空缺的物/人与周边的契合度。就像之前所说,一切广告都涉及替换(replacement),都在用已有的事物交换缺席的事物;这一节中广告的独特之处在于它们代表的是图中缺失的部分——使之成为周围的一环。而这与取而代之仅有**一步之遥**。

当周边事物被纳入思考,**叙事**必然出现。在人物缺席的广告中,我们看到了这样一种叙事结构:来到伊斯坦布尔的旅客有着怎样的"故事",或是关于晚宴的"故事"。将产品放在叙事中必定涉及让产品被周遭内容定义:不过当它被用于**幽默**功能时,产品就不会完全填补叙事的

"空隙"。例如在本海孜的电影院广告中,斯派克·米利甘(Spike Milligan)和同伙抢劫金店时把一包本海孜香烟塞进警铃中阻止报警,但其中一人受不住诱惑把它拿了出来,他们只得仓促逃离,结果因为金子太重,他们乘船逃跑时船沉了——在这些广告中,产品在故事中扮演了现实实践中不能充分扮演的角色——**使**它值钱的是故事和故事中可兑换的东西(黄金、钱)。有趣的是故事中因果逻辑不通:产品和它在叙事中的位置不符(谁会"真的"为了几根香烟甘冒抢银行被捕的风险?)。基于"**不充分**"的表达和逻辑,我们可以回到弗洛伊德对玩笑的讨论。为了一包本海孜香烟显然**不值得**弄响警铃导致盗窃被抓,所以这则广告才显得滑稽可笑(并且暗示了黄金和本海孜可以互换,这就是重点——一种双关)。柜子里的几条本海孜香烟代表了"宝物",笑点同样是香烟本质上**不是**宝物。这个玩笑涉及缺席——**真正**宝物的缺席——正因为本海孜不能充分代表宝物来填补意义的空缺,这种缺席依然存在。既然广告认为本海孜是"黄金",这个笑话还有另一面:这是一个象征界层面的玩笑,因为金色包装**指的是**黄金;但包装和真正黄金的共性纯粹出于**想象**。当想象界和象征界的矛盾被挑明,幽默得以产生,因为这代表一个符号被创造出来,发挥**不可能**的功能。进一步来说,"纯金"(Pure Gold)这句标语没有**写**在香烟盒上,而是通过它**就是**金色(颜色,而非内容)来**展现**的。

这些本海孜广告——由于复杂性和微妙性超越了时间,再次出现在这本书里——统一了广告中幽默和阐释学的方方面面,但中心仍在缺席和空隙(包括被**错误填补**的空隙)。接下来,A43通过缺席来凸显产品:而电视成了"消失的物体",让广告甚至带上了拉康主义的色彩。

A43:此处叙事中,产品周围的物品被用以表现其品质:"第一次……"尽管电视不在画面中,但它仍然被屋中的其他物品所定义——茂盛的植被、各种小插座(用来暗示很多家电),以及电视架。在该放电

解码广告:广告的意识形态与含义

视的地方出现了绚丽的光晕，营造出一种将缺席的物品放入欲望领域中的氛围。如果标语中的"我"（"**我**失去了清晰立体的画面……"）为缺少电视而懊悔（"遗憾"），那么我们至少——在本页下方插入的"迷你"广告或者**替代**广告中曾经拥有过它。（**我们**越和广告中的"我"达成共识，越渴望重获想象中的遗失物。）所以我们同时看到产品的出现和缺席这两种状态：图中对缺失内容的描

A43

述已经极其清晰（或者立体？），以至于缺失几乎成为实质存在，而这也在"故事"结尾处得以实现。我们唯一可后悔的就是我们**暂时**没有拥有这台电视：所以这预示着为了让这个缺失的故事有个好结局，我们在未来必须购买它。

　　鉴于产品的缺失和人物的缺失在我们"读出"其存在的情况下可以互换，广告显然可以将这个过程双重化，即在同一个广告中让等式一端的存在与另一端的缺席密切相关。

　　A44：前几个例子中，广告制造了人和产品之间的交换。这个例子展现了一种更加复杂的方式——确切来说是在一个层面上否定联系，在另一层面又依赖联系。在 A44 中，人物和产品可以在同一张照片中缺席：我们要么"移开"电视，把人物留在他们所属并且所指向的世界，要么"移开"人物留下电视，从而形成某种"框架"，把聪明人移出去好让我们自己填充进来（聪明人不看电视，所以是潜在的缺席者），显然图中某样东西画风不符，不合逻辑，这就提供了一种让我们将自己嵌入的反面可能性。

A44

重点是图中看电视(或者更应该说"没在看"电视)的情侣被剔除在楼上其他派对参加者之外。这很关键,因为在"移开"这对实际上不能看电视的情侣时,这个地方的富有和时髦不会受到影响,这个地方仍然整体上代表着"聪明人"。两组人(看他们自己的和看电视的)之间的关系再次成为叙事性的关系——情侣感到无聊,于是离开去做别的事了。分开叙事的功能是让我们在不改变社会阶层的前提下将自己纳入广告中。我们的地位由在语言内部交换的缺席和存在之间的矛盾决定,在这里显示为代表性的情侣和电视。

如果他们可以一边看电视一边保持时髦,那么我们也行:如果他们"没有在看",那么我们也不在看。关键是我们看到"时髦的人"既在看电视,又不在看电视,这就好像拥有蛋糕和吃蛋糕一样。然而广告的中心在于将符号填充到关系中,从而让符号之间产生意义共存和交换价值,哪怕这种关系是否定的(也就是因为**时髦**的人"没有看"电视,那么没人看的电视同样是时髦的)。此处共同意义衍生出一个**不可见的交换系统**。时髦人**不看电视**,就是说要么**他们没法看电视**,要么**电视没法放在那里让人看**。但这种交换,即便是用**缺席**交换**缺席**,仍然是**价值之**

解码广告:广告的意识形态与含义

间的交换。而**语言**和**画面**之间的否定关系暗示性地将人或产品排除在外。

(b) 语言

在 A44 中,广告的不透明性来自语言,因为语言与图片没有意义上的关联:不看电视的时髦人士在广告中看电视了。在这个例子中语言暴露了缺席:语言在描述与图片相反情况的过程中创造了**否定性**的空隙。语言本身制造出的荒谬是需要我们解读的难点:A45 中也有同样的现象:

A45:这则广告的标题是"她很难过"。措辞和照片的不一致再次博得我们的关注:我们被吸引进来,试图理解这里的"矛盾",并且通过"破译"解决了此处的矛盾:我们学会了通过阅读小字来融合这两个元素,由此解开谜题(她看上去开心/实际上不开心)。

所以语言是对广告进行"阐释性"解读的基本要素:前两个例子中,我们"阐释"了语言和图片之间的"错误联系"——这种关系来源于两者间**逻辑**的缺失(这也

A45

正是笑话的原理)。语言是广告中最基础的**指称系统**(参见第二部分),因为我们将自己对其的理解**带入广告中**,广告可以使用语言的含义系统,但无法创造它。我们的语言知识是可以操控的——在 A44 和 A45 中,正是我们理解词语"**逻辑**"的能力赋予广告以张力。所以我们破译语言这个系统后衍生出的困难和暧昧又让我们坚信我们必须破译另一

个系统,也就是广告。但语言被破译后并不会成为符号系统,而会成为完整的符号本身,可以与不同形式的符号相互替换,例如 A44 和 A45。而语言则是 A46 中的中枢符号。

A46:此处"性别(sex)对我们来说从不是问题"的标语既可以被看作广告的上半部分,又可以被看作广告的下半部分。因为按位置来说,它嵌在广告图片当中,是图片的标题,暗示这对情侣的性生活(sex life)没有问题。但这些文字,仅仅因为它们是文字,就与其下的语言方块联系到一起;如果连在一起往下看,这句话的含义便截然不同:不管你是男是女都适合开这辆"迷你"①。这让

A46

图片和语言方块成为符号——它们可以以这句标语为轴,相互替代。所以这个广告的文字部分**本身**就是符号。

鉴于语言可以作为单个符号而非符号群体发挥作用,可以看出广告会让语言来做与图形符号相同的事:它可以被展现,被破译,或者等待填充。

(b1) 词语:破译语言、双关和字谜

语言能够极其精准地指向被我们解读为"现实世界"组成部分的对象,因为语言是广告所使用的各种形式中最易于被我们接受的一种,而且我们自己也在使用它——它几乎变成了**我们的**声音。广告语言可以

---

① Mini 为英国汽车公司(BMC)推出的一款小型两厢车品牌,1994 年被德国宝马收购;2000 年起旧款 Mini 停产,同时宝马推出 Mini 继承车款,品牌定名为 MINI。——译者注

　　　　　　　　　　　解码广告:广告的意识形态与含义

接近或者远离我们的语言，从而制造出各种效果——我们通过广告使用语言的**风格**以及它们的书写**方式**来破译出特定的含义。

A47：这里所用的语言相当口语化，所以这件产品与日常生活紧密相连，其儿童视角颇具价值——"我要用赢来的弹珠来换一指巧克力"（I'll swop my prize marble for a finger）[①]。书写方式本身也与意义有关，因为这是儿

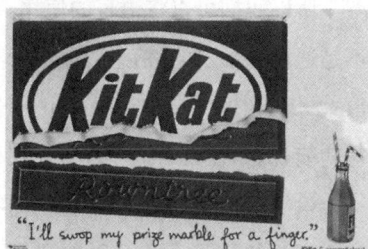
A47

童的字体。这其中还暗含叙事：一桩两个孩子在游戏场上的"交易"。这些全部都表现在语言本身之内（即言外之意；见第二部分）。

A48：另一方面，我们在此看到的是一个反向使用这项手法的广告：运用陌生的语言来传达"阶层"，也就是特殊内容；我们被告知，语言会令某些东西产生些微不同。

但也并未**太过**不同。广告套用了耳熟能详的谚语，"你微笑，世界也会对你微笑"（smile and the world smiles with you）。用一句俗语作为广告的**结构**，将陌生的词汇放在熟悉的框架中，以防

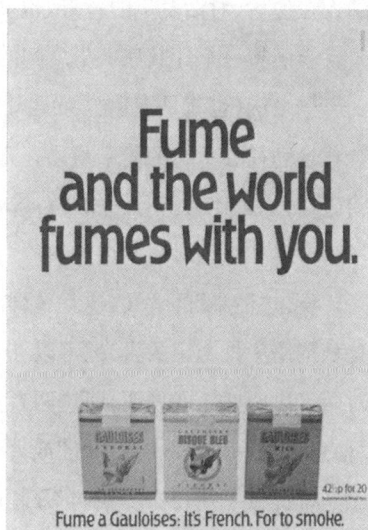
A48

---

① 雀巢公司巧克力产品"奇巧"（Kit-Kat）的经典外观为"四根手指"（four-finger）形状。——译者注

广告离我们太远。同时使用英语谚语和法语词汇确切传达了想要传达的信息:这让十分新潮的法国商品在英语语境下更加本土化了。蕴含在语言中的新意和熟悉度之间的平衡实际上整合了这则信息。

所以我们可以将语言的使用看作对可破译信息的传达,这种传达不是通过它说出的"信息",而在于其独特的形式,哪怕是书写(书写法)形式(例如上文的奇巧 Kit-Kat 广告)——换句话说,它本身就具备**符号**功能,例如在前两个广告中表现稚气和法国风情。

除了直接表达信息,语言指向特殊世界和激发"现实"特定层面的功能显然使其具有将几种含义整合在一起的能力。它可以"一语双关",因为它确实指向并代表了某些事物、生活方面、社交圈,同时又直接"叙事"。你说话的**方式**在很大程度上"揭示"了你。所以语言并不"一目了然"。奇巧广告传达的不仅是想要用弹珠交换一条奇巧的欲望,还说明这里的"所指"同样也是"能指"。语言在此描述了是什么样的人在说话、对话发生的背景,也就是大环境。所以像任何符号一样,语言会回指一个让其意义更广阔的体系。由此语言不再仅是**传递**意义的符号系统(也就是表达含义的句子),而是像其他东西一样,是具备社会背景和社会意义的复杂**事物**。正是在这种前提下,前两个广告才需要破译:语言作为**符号—物体**(*sign-object*)同时指向两个世界。(游戏场的世界和法国时尚的世界。)

所以"清晰"的含义,也就是词语**携带**的含义和"阐释"的含义,也就是从词语中推测出的含义,可以在一个词**中**表达两件事物从而省略了对两者之间联系的说明,而这两者实际上具有不同内容:一个是直接的"信息",另一个是"表意系统"或者受到指向的世界。双关给产品和表意系统提供了捷径——我们不用"越过"产品来寻找它所表现的现实,因为产品和世界在**语言**中的省略将它们**同时**纳入了表意的框架中。这个例子依然展现的是能指和所指、产品和文字之间 1∶1 的关系:双关实际上将两种含义压缩到一起,使之在同一个空间中完美呼应——所以这两个含义**必须**(看上去)对称。此处的布置意在使对称"显而易

　　　　　　解码广告:广告的意识形态与含义

见":通过压缩,让两重含义联系到同一个意象上,从而创造出一种"想象的"联合。

　　双关是产品和它"意指"的世界之间的瞬间联系(所以产品才会无可避免地自动生成"含义"),例如 A49。

　　A49:标题引出了酒这个产品的一个层面。但这一系列画面中,人物(一般没有头)穿着短裤(shorts);所以文字同样指的是这些短裤,而在这个层面上的含义不再传达放之四海**皆准**的直接"讯息"——穿短裤是为了显得热辣放纵。这类广告中的人物一般衣着裸露并且拥有沐浴过阳光的肌肤,打扮也相当诱惑。他们自带奢侈富裕的光环。一切都是产品周遭的世界,而产品则用于表意:同时表示这种生活方式和饮

Get into Bacardi shorts.

A49

料,而双关促成了这种表意过程(这是所有广告的基本过程,参见第一章),使得产品成了需要破译的内容,需要看懂玩笑才能"理解"。

　　实际上,此处文字已经作为具体的**对象**"进入"了她,几乎要进入**她的短裤**;鉴于文字正好在她撩起衬衫的位置,文字侵入穿透了她的身体——句号正好在她肚脐上。所以文字作为实物,绝对含有性暗示——这支撑了"进入短裤"的观点和酒的"形象"。

　　所以双关在这里实现了所有广告中都有的关联功能,不过它需要乞求观者破译。下个例子的核心特质是压缩,广告将明示和暗示的含义压缩到一起以创造出它们之间决定性的联系,所以破译过程中不仅需要找出含义,还需要找到两重含义之间(隐藏但不可或缺)

的关联。

A50:这句双关字面上混合了身体和情绪的含义。"你敢让他碰你吗?"通俗地理解这句话加深了另一重含义在身体上的着眼点,即你的皮肤、你的脸颊是否完美到可以让他触碰。两重含义合在一起创造出的概念是,如果你的皮肤有问题,你就不敢让他触碰。因为双关,这种恐惧被压缩到短短的问题中,使得与恐惧息息相关的产品成为解决方案。

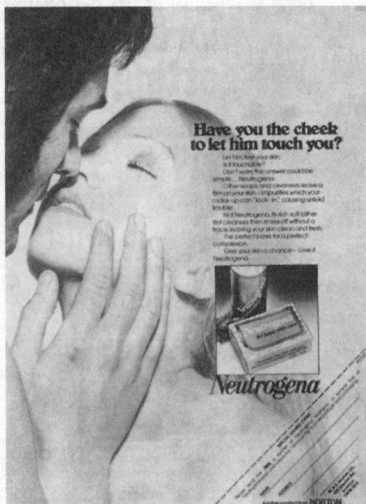

A50

A51:此处双关需要理解"愉悦"(entertaining)这个词在及物和不及物时的区别。是**她**因为闪耀的性格而令人愉悦(这种闪光点会因为她没有用女主人牌手推车提供食物而变得暗淡),还是因为她在(用女主人牌手推车)提供食物来取悦**他人**,也就是她的客人? 不管实用性如何,轻微的文字游戏成功地强调了女主人和她的品质,即强调了她应该参与晚宴交际,而不是被困在厨房里。手推车的实用性和社会性在这句双关中合为一体。

A51

　　　　　　　　解码广告:广告的意识形态与含义

A52:"摩尔"（More）广告是展现压缩手法的另一个例子，广告由此实现了连接产品与质量或观念的基础功能。"摩尔"香烟这个产品成了"多"（more）这个数量形容词的代名词。在我们自身语言的层面上，显然"如果你不拿到更多，你就得到更少"。由于产品的名字，这句俗语显然同样适用于摩尔香烟。当然摩尔（多）是少的反义词；而这个词的歧义不允许你将产品和"实际"分离。"摩尔"被绝对化，不管它（在语言学层面

A52

上）的相关品质是什么：你不拥有更多（MORE），就只能得到更少；没有比摩尔（MORE）更多的数量。

如我之前所说，压缩是一种解读抽象含义（"完整"含义）的方法。所以尽管以上例子各有千秋，它们依然都必须靠我们找出"含义"，打通压缩内容获得所指的含义。

"双钻"（Double Diamond）拼图广告不仅把概念压缩到了文字中，还将文字打散成字母，所以想要破译，我们必须再现广告中缺失的**单词**。

YYUR

YYUB

ICUQ

4 ADD

这些字母从**字母表**中提取出来，组成句中的**单词**。

某些案例中，双关可以用来将单词抽离到**句中**上下文之外，将之作为指向图片的一项**事物**。有一则男装广告写着"同时面向（oriented）风

格与优雅的拥抱(embrace)"，图中一个东方(oriental)长相的女人挽着一个男人。这条标语可以被分开来看，也就是说"同时风格与优雅"在另一行。那么"面向"(oriented)和"拥抱"(embrace)在描述多美(Dormeuil)西装的句子中产生了完美的逻辑功能，同时提到了这个女人——因为标题从字面上也可以理解为"拥抱东方"。她显然是东方人，并且正挽着穿西装的男人。所以这两个"关键词"产生的共鸣位于句子结构之外。它们自身成了符号，鉴于它们可以通过图片进行交易。所以最终文字间接指向的是图片上的女人：图片提供了理解隐藏含义的"语法"结构。

鉴于我们的确需要"突破"或凝练或厚重的语言从而得到"观点"或是画面，所以语言会被视为障碍，我们需要运用阐释技巧来穿透这层不透明的障碍；一旦我们找到了画面，便会倾向于只看画面。在下一节中，我们会了解语言的释义过程是如何被分解并丢弃的；但广告语依然以广告和其含义之间有直接联系为前提。所以这一节中的广告通过浓缩语言，掩盖了其过程中实际存在的文字冗余(如我们所见，广告永远在通过视觉结构制造关联)。阐释过程有难有易；但它们的基本原理是一样的。

当语言成为符号，它就同样可以被其他符号取代。在前文的多数广告中，文字尽管的确表达了内容，却没有直接传达广告的含义。以下列本海孜广告为例，意义完全存在于图片中。

A53：此处图中最重要的特征正是产品：旁边几乎没放文字。有趣的是广告中仅有的三个单词①与尝试制造产品图像有关，这也正是产品形象的关键。另一个有趣之处是试图将产品名称"本海孜"放到包装上。这展现了广告需要文字；但还有一部分趣味在于我们在产品名称出现之前(或者就算品名不出现)已经对此有所认知。大家都看得懂包

---

① 指广告右下角的"Third Time Lucky"。——译者注

装这个视觉符号；事实上金色盒子无声地描述着广告的形象，而可笑之处在于它仍然挣扎着想要给自己起一个不恰当的名字。这则广告讲的是遣词造句，但是倘若我们没发现在包装基础形象之上所做的一切都是画蛇添足，我们就不能理解笑点所在。

在努力创作第三个包装上的文字时，我们产生了"突破"含义，看懂广告关键点的幻觉，但实际上含义一直在旁边没有动过：所

A53

指是第一盒上的金色，而非最后一盒上的文字。所以我们再次发现承担广告含义的是能指，我们的注意力却被带偏，试图创造作为文字的所指，即理想化的抽象文字"讯息"。

所以含义既存于广告*之中*——而不在广告之外需要另外运用文字破译的概念领域。这点在以下一对广告中得以阐明：

A54（1）

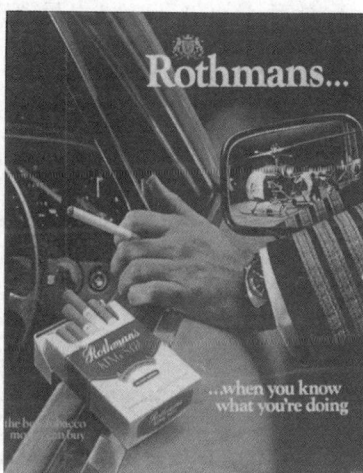

A54（2）

A54(1)和(2)：这些广告标题不同，但含义类似，因为含义存在于图片而非文字之中。两张图都展现着自信、权威、阳刚的形象：这使文字显得冗余。几乎不可能说这两个广告含义**不同**导致产生了需要用解释学来理解广告的错觉，而实际上含义"就在"广告中，而非与之分离。

A55：香奈儿广告解释了现实：它没有使用任何其他符号系统，但广告**本身**就是一个符号。除了瓶身之外，广告上没有文字。这是个纯粹的广告：也是广告的精髓。广告仅仅在视觉上向我们**展示**了产品，无须告诉我们任何事。（前文中我们看过的香奈儿广告几乎同样沉默，例如用凯瑟琳·德纳芙代表香奈儿，成功地通过广告不需要文字这项假设来销售**这种**产品。）

A55

然而，这个例子导致"书写法"这一概念产生混乱：书写法是符号，但它主要试图表现它的**指称对象**，也就是香奈儿香水瓶。显然图片永远只能作为表现事实存在的符号。但我们绕开更复杂的语言释义过程，得到仅仅用缺席的指称对象替换已有符号就可以完成的阐释，从而以为自己已经"看穿"了广告；所以这张"透明的"广告很大程度上仍然属于需要阐释的范畴。

A56：这则广告实际上是在利用文字冗余来制造笑点。它告诉我们广告上的所有文字只是让我们通过错误的呈现来突破障碍获得"含义"，所谓含义仅仅是所指的产品——在这里是雅法(Jaffa)。所以正如在 A55 中那样，我们**直接获得**了含义："雅法"。"完美的那个"这一概

　　　　　　　　　　　　　　　　解码广告：广告的意识形态与含义

念体现了阐释性含义的柏拉图式本质：西柚作为指称对象被提升到概念层面——兼顾理想和完美。这体现了符号的指称对象是如何制造"含义"（所指）的——以及由此而来的抽象和具体并存，融合为"真实事物"，也就是西柚，而且是终极的、完美的"含义"，即西柚这一**概念**的顶点：换句话说，它成了一个象征。广告**讲的是**西柚——而含义则是理想化：只有一种"含义"。但广告的**指称对象**

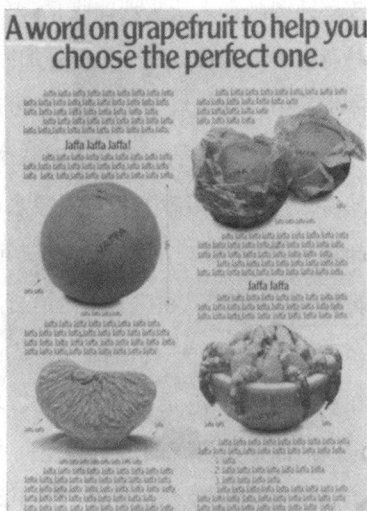

A word on grapefruit to help you choose the perfect one.

Jaffa Jaffa Jaffa!

Jaffa Jaffa

A56

是随处可见的（真的）西柚：我们在店里看到的那些。广告通过省略两者，使**真正的**西柚成了象征，同时让"完美"西柚这个概念变得**真实**。这将我们带回本章的出发点：广告挪用现实来创出的透明或者不透明的象征，都是在海报、书页和屏幕之后表达"含义"，而不会出现在现实生活中。

我们发现广告中的文字注释往往显得冗余，因为其指称对象尽管不在场，依然不用通过文字就能直接"展现"。但书写法可以绕开语言的问题和含义的缺失：将语言与产品关联起来，让语言直接指示产品。

(c) 书写法

"图形诗利用了字母的双重特性，既可作为空间布置中的线条成分开展活动，又可作为必须按照发声体的唯一线性顺序阅读的符号发挥作用。作为符号，字母可以确定词汇，作为线条，它可以勾画字符的形象。于是图形诗便试图游戏般地消除我们的字母文明中最古老的对立：展示和命名，绘制和言说，重现和表述，观看和阅读。通过两次抓住所说的事物，图形诗设置了理想化的圈套：用双重措施确保了话语自身或单纯图画都无法实现的收获。它消解了文字无法克服的缺失……将其所指对象的可见形状……强加给它们……从外部呼唤它们所谈的物体本身……这是双重的陷阱，不可避免的圈套……"①

书写法连接了前两节中的缺席和语言，因为语言用这种方式应对缺席。在阐释系统中，指称对象永远缺席，但字符画试图联合指称对象和符号，再次呈现出"透明"含义可以被生产的印象，如 A55 和 A56。**物体**，也就是产品在广告中由语言呈现，在广告中被转换成**为**语言：在 A55 中产品无声地说话，而在 A56 它只说了产品名称这一个词；但在下面的例子中，语言变成了物体取代和"填充"的**形式**。广告将被指定的产品根据语言的形状在空间中组织起来。在"语言"一节的例子中，我们看到了文字的物质性使其可以成为符号：奇巧广告中的儿童字体，或者"百加得（Bacardi）朗姆"标语的形状布局。但此处文字不仅是符号，还成了指称对象。在书写法中，文字由于其指示功能和实质外观，变得不再仅仅是符号；它们必须看上去可以合并指称对象本身。用代表物的存在来掩盖指称对象的缺席显然是你在能指与所指、符号和指称对象这类一对一关系中所能达到的最深理解：两者必须在**想象**中归并，所以这否定了它们的**象征**功能（见前文第 62 页）。

在书写法中，符号俨然由它可以实际指示的事物构成。

A57 和 A58：这两则广告被放在一起是因为它们使用不同的书写方式来表达同一个双关："你有一整个周末来做决定。"根据第二章，这些广告中的惯用语无法继续保持那种熟悉的纯真。**做**决定说明你被当作主体：你可以在不同巧克力之间进行选择。

在 A57 的盒子上，产品依照语言的形式排列成"周末"一词。这么做是用来展现**为什么**你有整个周末来做决定，因为巧克力在空间中被摆放成周六日（SATSUN）的缩写，隐含着整个周末。广告展现了产品

---

① Michel Foucault from "Ceci n'est pas une pipe", in *October* vol. 1, pp. 9－10.

的"物质"空间和产品得名的时空之间完美的巧合。一盒巧克力让你及时下定决心。而此处实现两重含义共存的正是书写法。

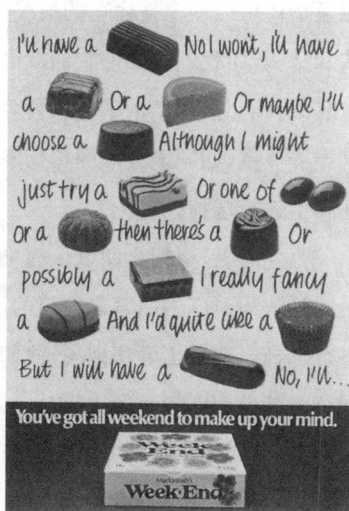

A57　　　　　　　　　　　　　　　　　　**A58**

A58 更加彻底地运用了书写法,只出现了巧克力却没有出现名字:巧克力的名字想必要等我们买了一盒"周末"(Weekend)之后才能得知。放巧克力的盒子有名称,所以也有名字:所以说出"我要周末"(Weekend,please)就代表我们会获得一种只有在吃巧克力时才会发觉的隐秘语言。A58 中的书写法依赖于用名称代替产品的欲望——这只有当我们决定吃掉巧克力时才会发现。当然文字出现在巧克力被消化时。吃掉巧克力,生产出文字。所以即便在如此小的范围内,消费也代替生产成为重点。而实际物体被转变成文字,被宣称"真实"来源于"人造"产品的语言挪用。

A58 中的时间是说话的时间。这句话中对于周末/周末牌有近乎无限选择的暗示从未停止("不,我将……"),更加预示着如果我们拥有一盒这样的巧克力,那么我们关于周六日的发言可以完全产生于这些物体的名字。语言的主体完全凝聚到"周末"这个品牌中。我们购买了给予我们自由选择权的语言。"周末"成了**商标**(logos):"在一开始就是这个词,而这个词就是周末……"它为一切其他内容提供了渠道。这在意识形态上服务于双重功能:它暗示着语言在某种程度上是缺失的,以及物体可以在未被命名的情况下有所意指(即广告使用了语言的形式和结构,而我们不知道它们在语言**中**的内容),这种暗示因书写法得以实现。同时,这暗示了一系列名称可以被当作语言的集合,也就是一种差异体系(如同该处填的单词不同,巧克力也各有不同),而我们需要在其中进行选择。

由此可见,福柯之所以认为书写法是"双重的陷阱,不可避免的圈套",是因为对广告而言最理想的过程就是我们必须在文字和物体之间进行选择。或者更确切地说,我们正无休无止地在符号和指称对象之间荒芜的虚假空间中**做决定**。

第三则"周末牌"广告完全明确了选择这个概念:

在这个语境下我们还须提及一组例子:伦敦地铁里的布鲁克街介绍所(Brook Street Bureau)①广告。在这些广告中展示的要么是两个人的手,要么是两个人的脚,上面还印着一段对话,我们可以认为这些身体部分属于正在对话的两个人。对于书写法的运用体现在广告对话的印刷上,对话文字的颜色标示说话人所有物的颜色:蓝色的鞋子对应蓝色的文字。在阅读广告时,我们会猜测穿着蓝色鞋的人就是说话文字为蓝色的人。有些例子中,看不见的说话人手中酒水的颜色与相同颜色的文

---

① 布鲁克街介绍所:伦敦最著名的职业介绍所之一,成立于 1946 年,是招聘和就业联合会的成员。——译者注

字相关联:绿色和粉色的酒水被看不见的人拿着,他们的对话文字也分别被印成绿色和粉色。此处,一种尚未言明的关联十分引人瞩目;酒水必然**进入**语言**出来**的地方。

在"图腾制度"这部分内容和以上三则广告中,消费被一次又一次地用来掩盖生产,实现渠道不仅有实际物品,还有语言。但这里,语言也成为一种实物。在这些广告中,语言符号通过颜色获取了实质性,同时以此类推,还获取了文字并未提及的指称对象。一片有颜色的文字代表了没有在对话中确切提到的有色物体。而这些物体转喻式地标识着言语的**源头**——言语与物体相关联,而非与人相关联,所以可以认为**物体**生产了言语。和前文中运用书写法的广告不同的是,此处指称对象并未合并到符号中;应该说,说话者和说话内容被放置在了相同颜色所构成的物质空间内。他们谈论的实际上是布鲁克街介绍所给其中一个说话人介绍的工作。但用消费品代表劳动力本身就是错误的,因为着色的文字代表着色物体已经是所有物了。这些矛盾暗示着布鲁克街介绍所在意识形态空间中的位置,因为它出售劳动力,如同出售可被拥有的鞋子或者可以消费的酒水。

A59:在"白马威士忌"(White Horse)广告中,符号和指称对象同时出现。指明威士忌种类的是瓶身上的语言,此处它运用了书写法,并且出现在该有的位置之外。在这个例子中,马出现在图片上是为了让品牌名和威士忌之间的**自然**指向更加"真实"。但"白马"广告系统作为一个整体藏在标语中:"你可以带着白马去任何地方。"在一个层面上,这种威

You can take a White Horse anywhere.

FINE OLD SCOTCH WHISKY

A59

士忌在全世界都被消费,而且不管你去了哪里都能找到。更重要的是,这些广告操纵着一种**可互换的不协调**(*interchangeable incongruity*)。这里的例子中,酒瓶半实半虚地放在岩石上;但它过于靠近前方,实际平衡了酒瓶的位置并暗示了酒瓶不属于这块高地。它的出现依赖于它通过名字获得的实物地位:一匹白马站在山边不算错位。而威士忌因为名字被放置于此,并且被周围景观和马匹的意指所接纳——这得益于酒瓶和景观的共有特性。这里,书写法区分了威士忌和世界,我们由此可以通过白马牌/白马这个等式将两者进行交换。在这一系列的其他例子中,这种不协调有了反转:不再是酒瓶错位,而是白马(一匹马)超现实般地出现在客厅里。现在威士忌可以从白马这个自然物体上获得意义,同时通过它本身文化(cultural)地位的力量战胜马匹出现在客厅的违和感。书写法让表现产品的双重含义变得可行,这些广告共同作用成为一个整体:酒瓶被放在自然野外,或者马匹被放在文明之中。但"自然"本身是个符号,所以也属于文化,这点体现在下一章中。

有了书写法,广告的符号和指称对象最终在想象中合并。这一节力图分析书写法可以提供什么样的意识形态功能。但我们还需更进一步。广告素材是依照怎样才能作为"指称系统"(用以将之区别于符号的指称对象)来编排的,例如 A57"周末牌"例子中的巧克力。SATSUN 的排列迎合了我们预先存在的认知:语言本身取代了形式。SATSUN 是一个简单的谜题,其形状带来了解法:它代表周末。本章第二部分研究了广告如何通过迎合自然或时间等主流指称系统来达到挪用主体**认知**的目的。这些指称系统的含义可供广告使用或**参考**,正如语言指向它"意味"或代表着的物体,并且一对对不同事物在意识形态中相互混淆,让**指示**为**含义**服务。语言是元指称系统(meta-referent system),是明示能指的结构,而其他结构只能**暗示**含义。在书写法中,语言搭建了指称系统的**结构**,而这些系统则生产出含义的结构,这些含义在广告的结构中流经所有元素。广告的建构将元素排除**在外**,而在书写法中,广告结构将元素纳入其中,例如上面的糖果广告。这显示了含义本身存在于结构**中**；语言提供的不是一系列内在含义，而是一系列携带含义的关系（在周末牌广告中的含义是产品）。同样，广告会在既存的关系结构中填充新的含义——产品。在运用书写法的广告中，结构（语言）非常明确地被**广告**本身的含义（产品）重新填补。这些例子清晰地展现了**所有**广告都会做的事。广告通过**其中**元素暗示的关联结构制造含义和系统之间的交换（例如凯瑟琳·德纳芙体现了**优雅**世界中的所有制度），然而一旦这些结构被唤醒，它们就会纯粹**在结构层面**产生作用（从而创造差异）——所以广告从结构中抽离物质性并从物质中抽离结构是一种经久不衰的劫掠。象征性结构替代和混淆了我们对真实社会结构的感知。

2

第二篇

"意识形态的堡垒":指称系统

神话思维(mythical thought)运用语言这一结构化集合来创建自己的结构化集合。但它并未在结构层面上令语言发挥作用:它在曾经社会话语的废墟上建立起了意识形态的堡垒。

列维-斯特劳斯①

……意识形态的特殊性在于它拥有的现实结构和功能使之成为非历史性的现实,也就是说,如果结构和功能一成不变,那么就会产生一种全方位的历史性现实,以同样的形式贯穿我们所说的历史。在这个意义上,《共产党宣言》(*Communist Manifesto*)将历史定义为阶级斗争的历史,也就是阶级社会的历史。

阿尔都塞,《意识形态和国家》②

直接含义(*Denotation*)、间接含义(*Connotation*)

直接含义是表现在符号原样"之中"的表意工作:这是能指表达"含义"这个特定所指的过程。

当我讨论间接含义时,我着眼于一个类似的过程,但这个过程中能指本身指代符号:符号在其所有意义上指向其他内容。我将这个其他内容命名为指称系统。详见下文关于"交错系统"(*staggered system*)的讨论。

前一章中的内容说明广告的工作中所涉及的主体**具备认知能力**。想要填补空缺,我们必须知道该填入什么内容,想要破译并且解决问

---

① *The Savage Mind*,Weidenfeld and Nicholson,1966,p. 21.

② *Lenin and Philosophy and Other Essays*,New Left Books,1971,pp. 151 - 152.

题,我们必须清楚游戏规则。广告显然生产认知——否则 A55 中的香奈儿香水瓶就不能立在那样一片空白中——但这些从来都只能产出自已知内容,而已知内容确保了预设的"**真相**"就在广告之内。这是意识形态的中心部分:概念的不断**再**生产使之失去历史性的开始或结束点,并且可以直接被标示和使用,此外"因为"概念"已然"存在于社会中,并且"由于"它们被使用和标示了,所以将继续存在于社会中;因此概念拥有了永恒的、共时的(synchronic)结构,变得"超脱历史",尽管这个结构整体上其实仍然存在于历史中。它只是从内部看起来"永恒":显然,意识形态不可能承认它有一个"开端",因为这会消除其必然性(inevitability)。所以尽管认知体系(system of knowledge)确实有开头结尾,在历史发展中也有一席之地,它们的内部工作却必须是纯粹结构化的,并且其无须通过向前延伸自我延续,而是建立于系统之间翻译和再翻译的过程:这是纵向而非横向的动量;所以如同化学中的"动态平衡"(dynamic equilibrium),这种内部的延伸难以察觉,而且从不造成**干扰**。我在开始处强调这点是因为本书后半部分所关心的恰恰是看这些指向并被拉进广告工作的系统,尽管我将这些体系**当作**体系本身来看待,而非追溯它们的历史发展,我仍然想明确我没有否定其历史发展,也没有因为我想要揭露的其"必然性"的本质就将之强加于它们。共时结构分析在意识形态领域非常宝贵,这正是因为这些领域自给自足,并且**如同**共时性结构一样在内部发挥作用:但在分析它们时,不能忘记它们**是**意识形态,因而分析过程中必定会涉及可以完美地描述和解构它们的特定工具。

所以当我说我们被纳入广告的"先决"认知时,我无意强调此种认知是"真实"的。我只是简单地指出**它**赋予了**广告**这样的状态。根据"客观相关",我们可以看到一个具备**已知**属性的物体被用来转移这项属性。为了让凯瑟琳·德纳芙和香奈儿之间的交换与玛葛·海明威和宝贝之间的交换相互关联,我们需要拥有既定认知。产品被嵌入认知大纲:**我们出于认知进行交换。**

对于既存认知的假设使得广告中的参照物替代了描述，间接含义替代了直接含义；这种参照必然产生于形式层面，指向另一个**结构**，因为参照物的"内容"或构成就是产品本身。所以"指称系统"从来都只具备间接含义，因为直接含义的所指是产品。然而，这里依然涉及循环过程，因为指称系统通过间接含义获得体现，然后被用来表达产品——即将产品"放入"一个含义体系中。这种释义本质上就是第一章中所描述的过程。这一节中我们关注**间接含义**。罗兰·巴特在讨论"交错系统"时认为他所研究的是"两个相互层叠却又脱节的表意系统"①。一张照片代表了凯瑟琳·德纳芙，但"她"反过来又成了能指：代表丰饶别致的法国风情。观者的认知弥补了这两个系统的"脱节"，否则间接含义就无法实现。

"间接含义系统"的"表达程度本身由表意系统构成"。"间接含义的能指……由直接含义系统的符号（包含能指和所指）组成……对于间接含义的所指，其特性必然兼备国际化与延伸性；如果你同意，这可以是意识形态的一块碎片……这些所指与文化、认知、历史交流紧密，并且环境世界正是通过这些……入侵了系统。"②

必须意识到我们在任何意义上都不曾离开能指的"领域"：我说过，这个领域（在意识形态**"看不见的"**的永恒中）包罗万象。在表意行为中，所指不断被塑造成能指。例如本为所指的"玛葛·海明威"在间接含义层面上成为"激进女性"的代名词。广告提供了实现这些转化发生的"元结构"（meta-structure）。它聚拢起散落的物体，这些物体最初由它们在认知位置中的地位来表示，但紧接着被用来表示含义，也就是成了能指。从位置角度来看，表示行为的是它们的**地位**而非那个地位所表达的"内容"。确实，鉴于它们被带**离**原有位置，这些位置必然空出，仅仅作为认知的**形式**存在。指称系统必须被视作为所有概念提供

---

① *Elements of Semiology*，Jonathan Cape，1967，p. 89.

② ibid.，pp. 90 - 92.

位置的体系,而非为单独的、特别的"概念"提供位置的体系来对待。

列维-斯特劳斯认为,聚集意识形态体系**中**被表示的对象、并通过将它们置入另一个结构(广告),将其转变为这些体系(也就是"指称系统")**的**能指是一种"东拼西凑"(bricolage);这个词是指"修补匠"(bricoleur)的工作。修补匠的奇特之处在于他们制作或者修理时用的不是新的材料,而是之前工作和建造时剩下的零散边角料。这则隐喻显然适用于我对广告中发生过程的描述:它们只能利用既存于意识形态思维中东鳞西爪的碎片。在这个意义上,广告类似于仪式和神话。列维-斯特劳斯认为,"如同'东拼西凑'……使用零碎材料(在物理、社会历史或者技术层面)重建活动的布景,并将它们或作为结果,或作为手段成为结构图形中大量坚不可摧的组成部分"①。而广告所使用的思维边角料的一个重要特征就是它们不能"独立"存在,而是必须存在于**我们的**思维中:作为主体的**我们**成了这些元素的**提供者**。

所以,当单纯的结构分析在这个领域显得过于抽象时,全面理解"指名"(见前文)所扮演的角色以及在创建/延续的意识形态中对**主体**的构建,可以弥补认知现实和"体系"(作为**体系**时它是独立自主的)之间的隔阂,以及它所发挥作用的历史和社会现实之间的隔阂。因为为之建立连接的是真实的个人:他们,或者说我们显然存在于时空当中,在这个变化多端的世界上,同样为概念的逻辑结构提供了无意识这个舞台。只要无意识存在于我们的脑海,这种情况就会出现。所以虚构的结构(mythical structures)**通过我们**参与到历史进程当中。

可能在此环境下区分"**认知**"和此认知的表意体系对我们更有助益。如上文所说,认知指的是我们必须对广告的间接含义过程有预先认识(这种认识必须具体且具有历史意义),而认知的表意体系没有确切的"存在"地点,而是包含了一系列形式上的联系。在所有层面上,直接含义**和**间接含义、意义与认知相互交织,促成了不同层面之间的运

---

① *The Savage Mind*, Weidenfeld and Nicholson, 1966, p. 33.

动。但鉴于**间接含义**与直接含义的**工作**恰恰相反，在处理间接含义时，我们必须着眼于广告所采用的认知"形式"——这些形式变成了所指。举例来说，如果之前的意义（例如浪漫主义及其历史地位）生产出了"自然"（NATURE）这个所指，那么所指会被"清空"，然后成为与产品相关的**能指**。广告将产品放入被挖空的认知中，然后从中得到意义。

本书这部分的几章并未涵盖广告运用的所有指称系统。但这些章节确实专注于研究意识形态，鉴于它们都涉及转换的关系，我们看到了对**真实**现象的重塑和被**误导**的联系。我们篡改了自身与自然的关系，也在逃避我们在时间中的真实处境。我将以"魔幻"（magic）为主题分析真实和误导，因为在某种意义上它结合了另外两种谬误——它将**暂时性的**关系转变为**自然而然的**存在。自然是我们最基本的空间环境，而时间（显而易见）是我们暂时性的环境。意识形态的作用是将我们摆放在两者中错误的位置上：广告将这种错位**认作**无可避免的"自然"状况。

第四章 "烹饪"自然

自然是文明最基本的指称对象,它是我们生存环境的"原材料",是一切技术发展的根源和阻力;技术力图改善环境,同时又想战胜环境。如果一种文明指示的是它本身,那么它只能通过重现对自然的转变来完成指示——它的含义取决于**改变了的**内容。本章第一节中的广告表现了这种改变本身,而我将讨论其将文明形式赋予"自然"物体的过程。随后我会探究"科学"的形象,包括它们在人类关系中的位置,由此我们会清晰地发现,科学形象反馈出自然本身的形象:"天然产物"(参见第五章)。

(a) "原料和熟食":转化的重现

列维-斯特劳斯将天然产物向文明转变的过程称为"烹饪":社会要求食物必须经过烹煮,不接受未加工的原料。在烹饪时,自然以原料的状态进入一个因文化而异的复杂体系(就像肉类被炭烤或架烤)。自然的形象以同一种方式在文明中被"烹饪",所以它们可以被当作象征系统的一部分。在接下来的广告中,"烹饪"过程也被同

A60

时呈现在产品中,所以产品本身主导了转变:自然的"原料"以产品的形式出现——就像橙子被堆成了橙酱广口瓶的形状(**A60**)。

亨氏蘑菇汤的一张广告海报上,蘑菇柄的位置变成了汤罐头。这里,**罐头**作为文明下的人工产物挪用了蘑菇原料,并且通过重现蘑菇柄的形状表现了蘑菇——它"取代了"自然物品。但"罐头柄"上的盖子仍是一个真正的蘑菇,这让我们保留了对**物体被转变之前**的印象,由此界定了这个同时表明来源和结果的过程。

制造业的形象在接下来的所有例子中都相当鲜明:瓶盖、易拉环和瓶子被安放在天然产物上,显示了"烹饪"的价值是改善自然,运用科技对其进行密封并予以肯定。下一章将描述反向的过程。自然一旦被纳入文明,就会获得含义:这是个可以被转移到产品中的含义。由此可见,自然被改变成了"天然产物"。只要经过"烹饪",自然就会成为象征:因为"科学"引领自然进入差异体系,让自然在秩序和文明中有了位置,使之拥有"含义"。

然而,自然"原生态"有特定的**含义**,正是它在受到文化影响之后产生了转变:例如本节中的 A64 散拿吐瑾(Sanatogen)①维生素片广告中,凌乱的橙子皮与装满经"烹饪"的维生素 C 片的整洁药瓶形成鲜明的对比。但与此同时,我们仍能从原材料中看出一丝"天然",因为它**已经被**安全地转化了,"自然"可以将状态赋予文化产品,所以"天然"的**品质**而非**形式**得以保留。这种区分方式显然是错误的,但它的现实依据是社会与"自然"的关系好比拥有蛋糕和吃掉蛋糕的关系。

上文中描述的间接含义体系关系中,双方不断向中间靠拢,但这里我们主要关注作为"烹饪"过程而非"自然"本身的指称系统。"自然"成了"烹饪"社会的指称对象:它的意义取决于它与转化者之间的关系,而非自身价值。所以"原生态"的天然产品在这个背景下成了象征,但不是象征**自然**,而是讽刺地偏离了它原有的位置,象征起了改造它的**文化**。

---

① 英国保健药品牌。 ——译者注

A61："自然把鸡蛋变成什么样，麦肯（McCain）就能把薯条变成什么样。"天然材料，比如土豆，经过"烹饪"，变成了冷冻的速食炸薯条：实际上它们被制造流程本身"烹饪"了，而你基本不用自己动手："因为它们已经基本被麦肯处理好了，所以只需要几分钟来进行油炸。"因此你不会与原材料有任何接触——烹饪必须完全

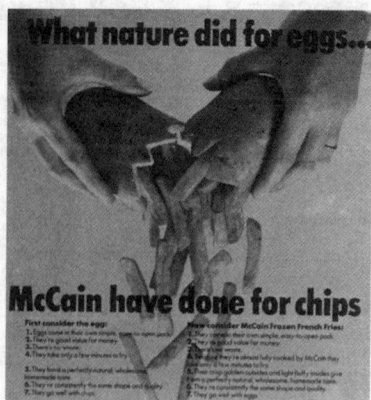

A61

由制造商来进行，这为我之前用来隐喻一切文明转化的概念提供了一个字面意义上的例子。然而，尽管这个广告是**用于**加工食品的，薯条所指示的内容仍然依赖于烹饪加工的过程，在数个不同层面上互相补充。薯条从土豆"壳"中掉出来的场景同时重现了"原材料"和"加工品"，也就是烹饪过程的两端。土豆的存在提醒了我们它和薯条的不同之处，以及将土豆洗净剥皮是多么烦琐；而看清两者之间的区别后我们了解了将土豆变成薯条的必要步骤——切和炸。以上种种让薯条的地位变得更高，因为它是一系列过程的产物，但这个过程被抹除了。不过只要这不妨碍薯条的优越地位，整个过程也会偶尔被放到台前：这让薯条兼而拥有了**先决**地位，因为薯条来自土豆，所以它们"已经"存在其中了。土豆里满是薯条——这张图表达的是土豆由薯条**制成**，而非薯条由土豆制成。所以产品由两种完全不同的方式获得地位，这两种方式实际上是矛盾的，或者说围绕着原料/烹饪这个轴心向相反的方向工作：薯条与土豆相互关联，同时又与之拉开距离。烹饪过程填补了这个距离（这个过程本身就是土豆/薯条差距的指称对象），而这种相关性让这个过程"维护了"一种"自然"的秩序。

然而这张广告上发生的一切并非都是"无意识的"：它实际上用鸡蛋和蛋壳的形象对比它本身的形象。麦肯对自然所做的事情已经在鸡

　　　　　　　　　　解码广告：广告的意识形态与含义

蛋中发生了：所以这是对自然的复制，不过显然，复制是为了**完善**。广告从制造业的角度看待鸡蛋，**而非**从自然的角度生产鸡蛋。"鸡蛋天生包装简单、易于打开……它是天然、完整、本土的完美味道。"所以这则广告很大程度上仍然依赖于将**烹饪**这个意象作为指称对象，同时作为效用和渴望的尺度：为了颂扬鸡蛋的品质，我们必须说它简单方便，并且味道"本土"——因为这些文化措辞表现出了品质和价值。

这则广告完美地结束于两种"烹饪"的相互连接——将土豆做成薯条的实际"烹饪"以及将鸡蛋纳入文化视角的粗略概念：广告暗示了你实际上将两者一起烹饪，并且吃了鸡蛋配薯条。这将麦肯制造的薯条和被描述得十分工业化的"熟"鸡蛋联系到一起，使它们可以进行价值交换，于是鸡蛋的天然性（毕竟是**自然**"包装"了它），及其由文化定义的便捷性被联系到薯条上，使得制造烹饪出现在鸡蛋（天然和便利并存）的品质中，将天然转化为便利。最后，通过宣称麦肯食品"是欧洲最大的冷冻土豆加工食品商"，它们拥有了无处不在的全能"自然"成分：制造公司的**"体量"**使之在技术上引人注目，并且让其制作看似无关紧要，使得产品几乎"纯天然"。

A62：自然的形象在此处再度被"烹饪"——橙子的出现或许是在表达佛罗里达（Florida）橙汁以鲜橙为原料，但它呈现的并不是"原生态"的橙子。产品的特征（易拉罐盖、标签）被放在橙子上，强调了将橙子转变为罐装橙汁的"烹饪"过程。广告的小字部分写着"每杯橙汁都富含鲜橙"，这显然将橙子表现为"加工后"的状态，这是它们被转变后的象征化

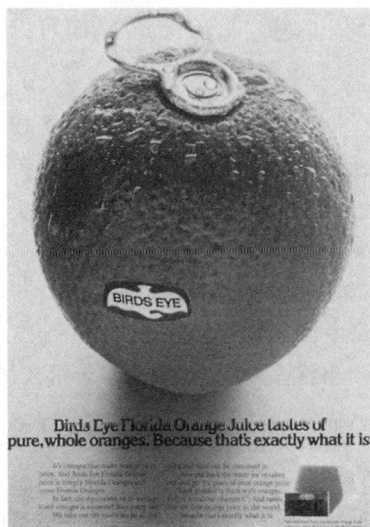

Birds Eye Florida Orange Juice tastes of pure, whole oranges. Because that's exactly what it is.

A62

形象——因为玻璃杯本质上无法富含真正的、未经处理的橙子，它只能富含经过佛罗里达加工的橙子，也就是罐装橙汁。图中橙子上的标签显示制造商挪用了"天然"橙子，尽管它还可以保持原本的形状[而不像A60的奇弗斯（Chivers）橙子酱]：这个橙子只能等同于鸟眼（Biad Eye），只有在经过"烹饪"后才有**意义**，而其中**含义**正是它经过了"烹饪"。这展现了鸟眼商标可以对橙子**做**什么，而非橙子本身该是什么样。在这幅图中，橙子在字面意义上被用来表示产品，而非用产品来表示橙子。这表明橙子作为所指是如何变成"加工产品"的能指的："烹饪"是参照**系统**，而橙子在其中挖出一块空地，用来将产品填充进去。

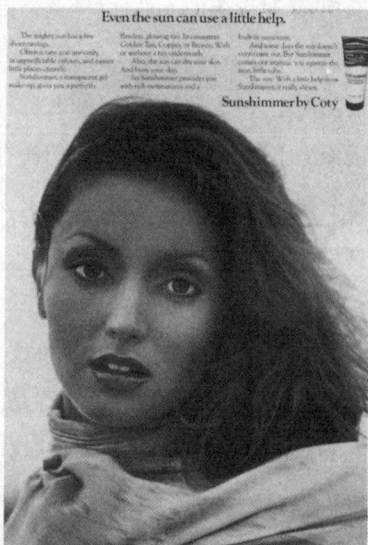

A63

A63：这是对太阳的"烹饪"。"太阳微光"模仿的是太阳能晒黑人这一点，但它弥补了太阳的一切不足：它可以使你均匀变黑，而不是像太阳："有些时候太阳根本不出来。但只要你挤压这根平滑的小软管，'太阳微光'随时可以出现。"

如同前几个例子，我们看到作为自然事物的太阳成了需要科蒂（Coty）**改进**的指称对象："太阳微光"和太阳的**区别**成了广告的核心卖点。你可以买到一支"平滑小软管"的阳光；整个广告都在说明"实物"和科蒂产品之间的**差异**。然而科蒂被表现为实物：有了科蒂的一点帮助，太阳**"真的"**闪耀了。广告拿走了自然的现实，将其中的真实内容（即真的阳光）挖空，然后填入产品，所以广告在一个特定的体系中具有**含义**，是因为它挪用了太阳的位置，同时用一个被转化的内容，也就是虚假的晒后肤色来填充这个位置。它将观者的目光吸引到太阳和美黑油这两个实物之间的区别上——（和薯条广告一样）展现了这种美黑油有多方便——但此处广告依然做出了交换，因为产品作为阳光经过转化后的内容，即被"烹饪"版的太阳，是针对太阳**而言**的含义；在"指称系统"中，从太阳到产品都获得了一些间接含义："天然""健康""优雅""完美"，如此种种。

所以含义体系（也就是指称系统）完全被用来将意义赋予产品。鉴于产品无法在预先存在的体系中拥有一席之地，它与指称系统的链接必须由中介物来提供，这个中介物既属于这个体系，又拴在产品上。这是第一章论题的出发点，而我已经演示了产品和相关物之间的联系可以通过色彩、形式安排、双关之类的语言关联以及在叙述中用一者替代另一者等方式来实现。此处（A63）交换的基础过程也是如此，但此处连接产品和物体的是产品实际属于物体的**版本**之一这个事实：这是技术"烹饪"自然现象的一个范例。凯瑟琳·德纳芙和香奈儿的关联来自简单的并列，从而使香水瓶在作为含义系统的差异体系中取代了德纳芙的位置。在这个意义上我将指称系统中的这个位置称为"空洞"，因为它的一个元素代表了它的存在，同时这个元素与产品之间产生了交换，所以产品最终通过填补区区一个位置取代了元素的地位。当科蒂和太阳放在一块儿，其间的移情作用被模糊化了，因为科蒂并非仅仅在"符号层面上"取代了太阳。实际上，根据我刚刚所描述的围绕知识**形态**这个轴心进行的交换来说，科蒂在字面**内容**上就取代了太阳。它甚至用"太阳微光"这个名字让自己显得原汁原味。所以指称系统的元素与产品之间产生了两重链接：其一是通过将太阳完全放在间接含义的位置上，使得产品与作为指称系统元素的太阳等同；其二与之相反，由于产品的含义来源于其与太阳的区别，而**非**使其与太阳等同，从而绕开了其不足之处。自然由此同时参与了象征和想象的系统——通过被拉入一个文明所创造的差异系统获得含义，通过与文明的对立获得意义，但在如此获得象征地位之后，它与赋予其象征性地位的"他者"在想象层面相互融合。文明的意识形态挪用了一切形象和间接含义的网络以及意义和自然的结构，但避开了其真实内容。

这一节中的所有广告都清晰展现了这一点。产品（香奈儿香水瓶的对应物，参见 A8 中的"范例"）和指称系统中的相关物互相融合，同时展现同一个形象：橙子和佛罗里达罐装橙汁，橙子和奇弗斯橙子酱，薯条和土豆——关联过程被省略了，因为"烹饪"过程代替了"客观相关"标题下的其他途径发挥作用。产品同时是**橙子**又**非橙子**（A62），**阳光**和**非阳光**（A63）。我们必须认识到此处的矛盾不是一个单纯的符号学论点，而是嵌入符号本身指示过程**中**的内在矛盾，而这正是自然和文明的关系所导致的，因为在我们的社会中，自然是看到的（意识形态），而文明是被表现出的（符号系统）。

区别想象和象征有具体的用意，因为两个领域都是人类"意识"的根基，但两者不可调和：两者不断试图融合，但无法完全实现，从而产生了不断涌动的欲望，伴随而来的是主体被分割成所谓可以满足这种欲望的局部。这两个类别无须一直被看作心理分析的产物，而它们的意识形态含义和功能必须有清晰的界定。所谓的"无意识"否定了意识形态中的许多矛盾，因为象征界，也就是对含义的创造，依赖于一种 A/非A 二元论，同时弗洛伊德认为想象没有"不可能"。

如果我们将 A60 和 A63 中的"自然"和"烹饪过的自然"对应上去，就能看出"烹饪"过程正是制造差异、进入象征界的过程，但这些广告中，"烹饪"同时暗示着这个过程的两个"端点"，也就是"原料"和"加工品"在想象中的**联合**。麦肯薯条大幅度改进普通土豆，但它们还是土豆，此外这种表现为鸡蛋和蛋壳的改进不过是出于对大自然母亲本身创意的模仿。科技一直在盗用自然的"创意"（这点同样体现在后文 A78 的眼影广告中）。社会所完成的一切都是早已存在：都处于被自然所认可的历史进程中的位置（自然是最基础的秩序系统——尽管当然，这个秩序受到科学文明的行为的影响）——这就是**意识形态**如何掩盖了它所夸耀的内容，但又抹去了它的来源。

所以"烹饪"是我们转化自然的方式，但转化的产物被重新植入了转化对象的位置。这个循环过程第二部分的细节将在第五章予以探究。但在第一部分，也就是本节广告中所再现的"烹饪"，以上述方式被用作符号：参照"自然"系统，同时又将自己定义为自然的**对立面**，从而将产品与自然区分开。这种区分和替代与交换永远是广告含义发生器：事实必须在**两项已被区分的事物之间**发生。如果它们的实质内容有**区别**，就说明它仅仅是一种没有内容的认知**形式**，最终需要由广告完成指示。科蒂的虚假日晒**不是**太阳。但广告制造出的产品的间接含义来自有关**太阳**的认知体系与太阳的特性，以及其在"自然"中的"地位"等；广告填补自然的位置并否定原本的内容，显然发挥作用的只是一个空洞的结构，一个理想或者想象的**系统**。我们认知中的一切实质内容都被否定了，因为在**直接含义**层面上，科蒂与太阳并非**相同**，而是有所**区别**。我们不对涉及我们知识体系或者经历中的真实具体内容进行交换，只挪用这种认知的**形式**——所以真实事物和我们对其的认知通常同时被假定又被否定。我们觉得自己意识到了，因为我们当然认识科蒂广告中所提到并且用来作为其产品框架的太阳：但科蒂取代太阳这件事否定了我们所知道的**内容**。换句话说，**直接含义**和**间接含义**反方向发挥作用：科蒂在直接含义上**不是**太阳，但在间接含义上**类似**太阳。太阳、橙子或者土豆都是符号的**外壳**：**内中毫无内容**（除了晒黑、橙汁和 A61 字面意思上的薯条），因为它们都被挖空，而产品被嵌入进去，成为填补内在空缺的"现实"象征。

　　这一切都是最后一章论点的一部分。我在最后一章中提出，广告中的真实事物被构建成符号，构成了一个"纯粹"的含义体系。这个体系永远不可能接地气，也不会与我们的物质生活相联系，尤其是因为这些象征都是从现实生活中偷来的，又反过来指向现实生活——它们变成了现实生活的**意义**。这相当于一个关于"它是它的含义，而它的含义是它"的同义反复，但这种同义反复发生在表意系统（signifying system）中（广告只是这个系统的一个例子）。表意系统的物质性（也就是能指的重要性，即携带含义的**物质**）保证了这个同义反复是一种具体、必然的"现实",因为它通过"实物"找到的"内涵"。(参见第三章:现实"后"含义的阐释学发现。)

　　自然绝对是这一切的根基,因为它是捕捉象征的狩猎场,是生产一切象征的原材料。但由于自然被意象洗劫一空,肯定也发生了转变。我所强调的事实是,本章广告中的**意象**都经过了"烹饪";**指称对象**本身在"烹饪"自然。我们在广告上看不到一个"原始"、完整且未经改造的自然产物:即便是 A61 中的土豆也被精细地削掉皮、从中挖空、塞入薯条。这完美阐释了我所说的表意系统隐喻:表意系统中的自然事物仅剩空洞的外壳,需要产品来填充。橙子只有被贴了标签装上盖子或者贴上标签摆成广口瓶的形状才能成为象征。这恰恰说明这些象征涉及区分,且本身**就是**一种区分;因为橙子和土豆本身没有任何意味,他们只有进入对比时才有意义:此处是自然和文明的对比;**两者都**展现在产品本身的形象中。

　　A64:这则维生素 C 广告有力地体现了"原料和烹饪"的创意:"烹饪过的"维生素 C 不需要像"原生"橙子一样剥皮。令人感到矛盾的是,维生素更容易获取——"你不需要剥皮、清洗或者烹饪它……它不受季节影响,价格不会上涨,也不会断货";它只要简简单单"打开瓶盖"就能获得;同时它又离得更远,与我们在物理上相分离,存在于瓶子的玻璃、螺旋盖和包装盒里。

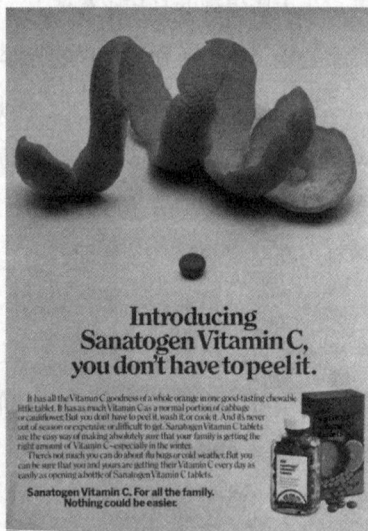

A64

　　你无法用拿橙子的手法拿取或者**触碰**这些药片。我们与自然之间的关系中仍然保留的唯一特性就

解码广告:广告的意识形态与含义

是消费，也就是产品的唯一用途，除此之外我们与制成维生素之间没有任何接触：你触摸到的只是药瓶或者包装盒。机械化和包装围堵了自然，试图完全将之掌控，同时让自然看上去与我们更为贴近，更"容易获取"，而实际上离我们更远。我们失去了与自然产物直接接触的机会：同样，**橙子皮**作为**外壳**只是符号，是一个需要散拿吐瑾来填充的空洞意义，而散拿吐瑾**与橙子的实质内容产生了交换**。

通过产品迅速获得优质"自然"的过程（"简单得就像打开一瓶散拿吐瑾"）以及药片的**微观**特性使其成为自然的精简版本，自然的力量被封装起来，等待再次释放，这些都指向第六章中**魔幻**的概念。魔幻还原了本章中"烹饪"以及压缩自然的过程（如"WonderMash 土豆泥"等产品。魔幻和奇迹都发生在释放的一瞬间，土豆粉将重新变成土豆——而且是**刻不容缓**）。

所以广告中的"烹饪"是一个摒弃内容挪用形式的过程；这个过程将意象和产品同时从无意义无区分的自然原料中制造出来，然后用这些意象和产品**充作**自然。这些产品同时象征着自然和反自然，体现了社会的固有张力，即一方面摧残自然世界，违反自然人类的需求，另一方面试图将自己的作品标注**为**纯天然，因此不容亵渎。

(b) 科学

"……科学家从不会简单纯粹地与自然进行对话，他的谈话对象是他所处的特定时期和文明所界定的自然与文化之间的特定关系，所以对话的实际方式取决于他。"[1]

"原料和熟食"展现了社会对它与自然关系的构想是如何衍生出特定的转化形象的。在这些转化形象中，这种关系的张力存在于永恒的辩证中。"科学"，这是一种在我们看来既声望极高，又最为透明的社会"烹饪"过程。由于"科学"首先界定了"自然"的形象，接着取而代之，所

---

[1] Lévi-Strauss, *The Savage Mind*, p. 19.

以科学生产出并合理化这些意象,并且被意象所制约。"科学"的定义实际上仅取决于其与其所针对的自然之间的关系;但在关于"科学"的第二节中我们会看到,科学接手了自然作为指称系统的功能——它的神秘主义可以与"自然"的"浪漫主义"相媲美,还可以分享自然的不可或缺性。在薯条和土豆,或者虚假的阳光和太阳的广告中,科学需要"大自然"这种它可以取代的间接含义特质,同时又试图通过对比来界定被它取代的大自然。

科学研究世界,所以必须不断界定(同时区分)"大自然"。"大自然"是科学的主题,因为科学看上去就是在"了解实体"。科学常被认为应该"没有主体"[①],但在我们的社会中,科学本身是一个大主体,一种"元主体"(meta-subject),其认知似乎远远超越所有个人脑中的认知的总和:它是一个**先知先觉**的超级大脑,而真实的"科学家"只能寄希望于一瞥这个庞大的抽象认知体系。显然我不愿在任何领域否定科学的可能性,也不会贬低实际科学研究的价值;此处我所说的是科学的**形象**和意识形态——它们扭曲地再现了我们与世界上真实有效的东西之间的关系,在我们与科学的关系中,我们只是被放在了错误的位置上,而科学则可能完全被替换了。因为"科学"确实从来不是**我们的**认知,也从来不是任何人的认知:但它又并非真正缺乏主体,因为它不是单纯的某**一种科学**,而是科学——它的名字恰如其分,完全代表自身特质。提到它时都是说它取得了成就或者新发现,还拥有任何真正的人都无法具备的知识;它是统一的**实体**,而非一种实践。

我强调过"科学"的存在是一种独立的领域,因为它在(b)节中作为指称系统出现,因此其脱离现实的特质,也就是关于真实含义的超然体系,重新提出了诠释学这一概念,而诠释学在此前已被看作意识形态的中心。但科学无法长时间维系这种疏离感,因为这种疏离感使它在以自然为中心的椭圆曲线上运动,不断经过其顶点和拐点:自然永远与

---

① Althusser, *Ideology and Ideological State Apparatuses*.

　　　　　　　　　　解码广告:广告的意识形态与含义

之若即若离,使之将自然重塑**成为**"天然"。科学成了这场关于"烹饪"自然和回归自然的模糊讨论的焦点,因为科学这种文化产物旨在研究自然是什么:它将自然放入事物秩序中,挪用自然为文化服务。

(b1)摆布自然

如同上一章所说,制成的**形式**将秩序强加于自然的**形象**之上(本节之所以放在前面,是因为列维-斯特劳斯在上文说过,形象所展现出的关系**决定**了科学研究的"内容",而非内容决定关系)——例如将切片的原生态橙子摆成橙子酱瓶子的形状——这种将自然排列成图形的做法使得我们可以在形式上控制自然,导致科学的"内容"可以在字面上控制、捕捉、审阅以及重新诠释自然。当然,摆布自然物质和创造秩序感两者携手并进:认知就是分类,分类就是摆布,摆布就是战胜。接下来的三则广告与之前广告的本质区别在于广告中的形象不再将控制和改善自然的含义赋予产品:产品的意象来自其在现实生活中的实际作用,产品成了一个科学的工具,可以藐视自然,或者至少可以和自然叫板。

A65(a)对抗自然:此处作为科技产品的汽车在与自然的斗争中呈现静止状态。机械抵挡得住极端"自然"环境中的危险,这种危险远离文明——在这个例子中,地点是北极。自然成为一种影射危险、孤独和毁灭的指称对象:汽车提供了安全、密封以及最重要的,一种在真正意义上**逃离**自然的手段。"你的车在这儿坏了,你就得死":换句话说,你必须

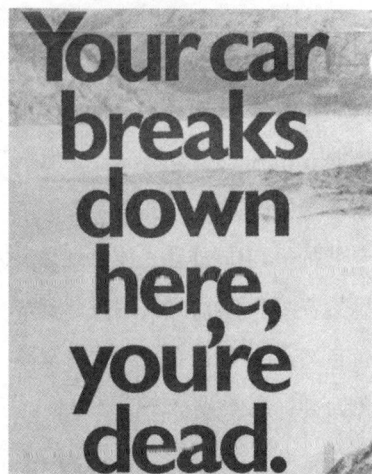

A65

逃走,开车回到"文明世界",而这辆车提供了逃离自然回到文明的基本路线,也是从一者进入另一者的技术手段。

广告上的文字强调的是产品的精准度和耐受性——"耐疲劳部件"这种措辞传达的是一种语气和粗略的概念(即间接含义)而不是精确的信息。("他知道每个耐疲劳部件和每个铸件都经过抗打击测试和仔细检验。")此外(与下个例子相同),我们还需要一些**小缺陷**来体现它的真实性("唯一的问题是后门锁有点小问题"):这最终保证了整个广告的可信度;显然它毫无隐瞒。而某些地方**可能**出问题(当然出问题的不会是耐疲劳部件),这点隐晦地提醒我们情势**确实**危险严肃:这是来真的。简洁的标语加上不完整的语法[缺少"假如"(if)]让一切看上去像是**基本**常识:就像广告在以最朴素的方式探索自然**和**句法结构。

所以科技战胜了原始,并且为尚未发生的危险提供了安全的交通庇护;尽管我们看到的产品**尚未**逃离自然,但将之放在这个指称系统中,通过对比,它便拥有了安全可控的形象。[第 152 页中 A65(b)对于这种自然中的安置有进一步分析。]

我们即将从一个产品处在自然中的例子转入一个自然处在产品中的例子。

A66(a)捕获自然:A65 中的汽车仍处在自然环境中,而这里则是相机捕获了自然——自然成了广告中的照片。照片代表了与自然抗争,但同样让人注意到摄影师活着回来了,而且无须再回去对抗自然,摄影师甚至可以代表缺席的自然。克里斯·鲍宁顿(Chris Bonington)①必须带着"无瑕的透明"回来,我们通过技术带来的通

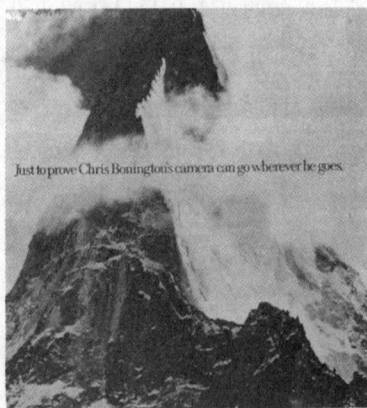

Just to prove Chris Bonington's camera can go wherever he goes.

A66

---

① 克里斯·鲍宁顿:英国著名登山家。——译者注

　　　　　　　　　　　解码广告:广告的意识形态与含义

透度感知自然——但必然站在安全距离外。

　　广告中的照片无疑是由相机拍摄的，因为相机和克里斯·鲍宁顿都不在画面里，而相机被单独放在描述文字中——相机和语言同时传递真相，分享了跨页右半边的布局：先是相机，因为它从画面上向我们描述了高山，然后是语言，向我们描述了相机。广告末尾的优惠券在右边页面的底端，表明了让我们更接近真相和科学认知的可用信息。所以我们感知自然必须经过三个网格，也就是一个三角镜头：相机描述高山，文字描述相机，空间允许我们将自己代入"大卫·威廉姆斯"（David Williams）①这个经典角色进入整个过程中，**捕获**并解说自然：克里斯和大卫，这两位好心人为我们提供了一个让**我们**介入自然的框架。

　　除了把自然打包带回家而不是将它至少原样放在照片中这个关键区别，这则广告和标致（Peugeot）广告做法类似。还有一大类的相机、腕表以及同类产品广告以相同方式工作："它被我带去北极/带去爬山/带到零下 50°/用石头砸/掉进海里"，如此种种。重点永远是广告对象的**测量**精确度（光度计、手表、温度计等）或者是摆布自然（照片将相框加诸自然之上），同时强调它在自然环境下的耐受性，证明它可以战胜

---

　　① 大卫·威廉姆斯：英国导演。——译者注

最极端的自然状况。［当然，我们中百分之九十九的人都不会遭遇这些状况。所以这种"来真的"本身就不现实：参照第五章，A65（b）和 A66（b）。］广告上的相机在自然中无懈可击——它会"砸在石头上"，而且我们得知"山区对相机不友好"。但透镜下的高山很清晰。相机可以在纸上再现自然，让你无须经历外界的天寒地冻。然而，正如前几个例子所显示，高山的一部分确实在字面意义上传递给了相机："一两个小问题确实可以验证细节——例如，**一颗沙子（grit）掉进作品里……**"当然它掉进去了，而且基本上必须如此，因为相机必须还原事实真相（nitty-gritty），它需要一粒真正的沙子来确认相机具有坚如磐石、基本常见、高强度、严谨性这些必备品质，从而精准对抗自然景观。从"原料和熟食"角度来看，高山的某些形象因为将自身附于文化的、"科学的"人造物品，成为这个机制中的山林小屋的一个碎片。

A67 改组自然：现在我们实际上已经将景观放入了温室的科学禁锢中：就像在最后一则广告中，景观不仅必须**通过**科学的角度被观察，而且只能**由**科学来观察；当然这仍然与 A66 截然不同，因为 A66 中的自然不仅在胶卷里，更在物质层面上被引导回文化的限制之中。这些真实植物被科学接管——科学不止控制了它们的形象，还控制了它们的成长和存在：这些植物在工厂中被塑

A67

型为产品。另一方面，灯泡沿温室屋顶的管道和线路网络向下生长：这是逆向生长的植物根茎。在这间暖房里，自然和科技相互作用——自然矿物被制成"化学品"，而化学品被用于自然植物，植物再次生产出矿

　　　　　　　　　　解码广告：广告的意识形态与含义

物,周而复始。此处科学干涉了自然循环：通过杀死害虫（"我们试图控制它们……"）和杂草来保护农作物。所以科学试图根据社会需求改组自然：这个最终目标显然是件好事，但这不是问题关键。为了将自然改造成这样，"科学"走进我们和自然之间，介入"文明"和野生"自然"中，只保留了可供我们享受的有序"天然"。剩下的自然环境展现为完全"烹饪"后的文明状态："引人入胜的景观"中满是"有趣的野生动物"，这些复合词，例如地面景观（＝地面）和野生动物（＝动物）；"引人注目"和"有趣"，这些形容词本质上暗示了主体（一个认为这些内容引人注目并妙趣横生的人）的存在。文明术语将真实情况翻译成概念，使我们与真实渐行渐远。"景观"和"野生动物"都是抽象的用语和想法：它们具备间接含义，但从不直接表示真正的地面或者特定的动物。我们将地面转化为地面景观，从后者的概念透镜中透视前者，这就是**文化**想象和语言是如何在实际上决定了我们将自然看作**什么**，因为我们怎么看待它与它"实际上是什么"关系密切。"野生动物"这个概念同样不适用于任何一种具体生物，所以一直作为自然的形象或者转化出现；它表明了什么是"天然"，而非什么才是自然的。自然必须引人注目并且妙趣横生的观念进一步证明这是在文化眼中的自然：一种如影随形的价值判断。

有趣的是，把自然看作满载野生动物的抢眼景观这种"规整"的浪漫化（参见第五章）观点，反而部分支持着另一种大相径庭的观点。这种观点就是科学与自然沟通、与原始交涉。但是当然，两种视角齐头并进。它们的目的都是创造利益：正如广告本身所说，"这是一种连接"。但怀疑论者吐露并预料我们对帝国化学工业公司（ICI）和化学研究的恐惧反而避免了更深入的批判：这则广告在形式上记录了一段采访，附带**研究**科学"真理"的光环（关于研究的研究——创造一个关于意识形态的意识形态）：这与其说是采访不如说是在验证对 ICI 的质疑，最终结果是质疑在科学的力量下一败涂地。所以广告在形式上表示出科学信仰，同时也检验了这种科学，从而允许其自我辩护。现在有一种观点（特别流行于爱尔兰和非洲的电视中对广告本质的讨论），如果两个相反观点并行,会令人觉得两者都完全是客观现实。这显然是胡说八道,但它构建了广告文字部分的基础结构:内在化的对立在某种意义上使之更为真实(例如最后两则广告中失误的出现),=客观=科学。

最后我重申,我不想宣称自己在分析科学,而是在通过广告的意识形态来分析科学。

(b2) 自然秩序

一旦自然被放入封闭的温室中、处于科学的注视下,它便不再需要进一步的研究探讨,也就不需要走出去到"原始"未分化的自然世界中:如 A67 所示,**通过科学**,自然可以表现在科学的参数中。然而,一旦科学开始解读自然,我们参与的就是解读科学而非解读自然的过程:这种"透明"曾经让我们得到自然、通过差异框架揭示自然,然而现在,这种"透明"除了它本身之外无法揭示

A67

任何内容。语言生成结构的自我封闭性部分地体现了这个过程:文化定义它所看到的东西,并且看到它所定义的内容,这个论点产生于对A67 的分析。由于科学可以对自然进行排序和分类,它无可避免地会以这些分类看待自然:这单纯是所有语言的基本特性。然而表现现实是一回事,替代现实是另一回事。在第三章中我曾详细讨论象征世界的创造,对象征世界的解读最终取代了广告所解读的世界。指称系统一定程度的不透明性足以将我们的注意力从它要破译的东西转移到破译**它本身**。所以认知手段成了我们唯一需要理解的内容:这与我在"原料与烹饪"中的论据相同,也就是广告只挪用了认知的**形式**。所以我们使用的一直是文化操纵下的认知框架,而从未真正发现我们已知的**内**

　　　　　　　　解码广告:广告的意识形态与含义

容。这种状况的意识形态功能显然是让主体觉得自己**无所不知**（*knowing*），却实际上剥夺了 TA 的**认知**（*knowledge*）。（所以这就是进行没有前后文的结构分析时所出现的陷阱：它只不过是绕**开**了历史现实。）同样，在文明中，事物也可以被标榜为**天然**（无数产品会用这个词），但它们从不真正源于**自然**。

科学的意识形态很大程度上倾向于第三章中所描述的封闭意象系统。科学在意象系统中创造规划出自然系统，并用定理、等级和内部关系——简单来说就是法则和秩序——将之补充完成。然后自然系统开始作用于这个体系，所以在这个意义上，如我之前所说，自然作用于自身。这个体系在科学的**意识形态**方面的意义是它近乎在任何人看来都迷幻难解的复杂性。所以科学的意识形态不是在帮我们理解**自然**，而是将理解**它**的难题树立在我们面前，因为它言辞奇诡、数据成谜，并且在象征方面也魔幻而精确（mathematical）。

我们必须从密集的信息中破译出"科学"，更不必说"自然"也与其他清晰完美的科学意象一起自相矛盾地并存。一整个系列的科学设备广告体现了穿透科学复杂内容的必要性。

A68 诠释高保真音响设备：
科学的整洁表面掩盖了广告语中暗示的复杂情况："里面看上去更胜一筹。"我们现在"通读"科学来获取科学本身；它成为它自己的指称对象，着手揭示它自身的"原料与处理（cooked）"体系：

A69：此处，为了揭示洗衣机的"原始"工作方式，"经处理的"表面被部分移开。画面上不同部

A68

分所对应的数字，以及其内部各种零件都被用在文字中来描述机器：我们由此获得参与解读洗衣机的工作方式的钥匙。图中的机器被除去了外壳，其秘密因而被"揭露"，所以我们突破了科学的表面，进入其内部系统中。但我们难以立刻理解这个系统，所以广告的文字部分提供了阐释性启示，也就是一种"数字式解读"。

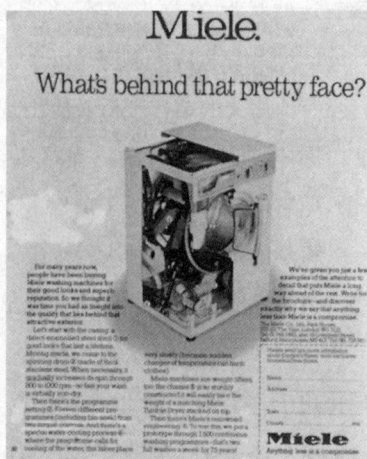

A69

当然，数字本身必须具备特定的"科学"意义：它们的能指属性远超所指属性。谁能明白"800-100rpm"在干洗中到底是什么意思？重点在于数字表达了"客观"的科学**事实**。

如同 A69，去除机器表面来暴露内部的工作方式是当今许多电气设备广告的常见手法——例如，用透明外壳展现一切内部细节的立体声音响。这些都是意识形态的隐喻。正是这种自我暴露的诚实透明让科学拥有了"自然"状态，因为秩序"显而易见"，所以科学将自己展现为某种需要观察和理解的东西，而非我们进行观察和理解的手段。由此科学成了早已既存的永久性事物，充满了"事实"，类似自然，成了自然的产物——同时取代了自然。

围绕着明显的自然这一概念产生了一系列间接含义纽带：**被揭示的东西**永远看起来比掩盖它的东西更根本，透明表面永远给人以看穿某物本质的错觉；同样这里干脆通过**展示**就完成了**证实**："它就在这里，它必然如此。"揭露一切，却毫无解释。

透明取代装饰发挥可视性功能很大程度上展现了其在反美学（anti-aesthetic）的基调下清教式的严谨性（puritanical）。"美在外表之下"；以及"看到 CS705D 的卡式录音座时你不会相信自己的眼睛

　　　　　　　　　　　解码广告：广告的意识形态与含义

（A68），但雅佳（Akai）认为内部构造比外部铸件更美"。A69 美诺（Miele）用同样的理念向我们展现了"藏在漂亮脸蛋之后"的东西。科学和清教（puritanism）之间的联系显而易见：两者都具有干净客观的形象，同样声称不在意外表、冗余和旁生枝节，同时都能够"直达根本"——而根本永远是**自然的**。但讽刺的是，清教信奉遮掩：就好像许多化妆品广告中通过化妆来获得"自然"的外貌。这与科学暴露自身难以理解的复杂性来获得"自然"状态是一个道理。

这种反美学的形象永远与"真理"紧密相连，开始在广告中用以表现广告本身：

A70：这则广告有意识地拒绝了"浪漫""漂亮"的广告和包装，也拒绝了"橙花粉末"这类辞藻，强调其"严肃"和"科学"。"美丽健康肌肤的秘密并不在于听上去充满异国情调的成分或者精致的瓶子，而在于经过科学研发和临床测试的制剂。"于是我们在一开始就被灌输了"科学"、知识而非异国**词汇**。图中将皮肤层次横截面的"科学"图示放大，是为了让你知道"想要有效护肤，你应该先

A70

了解皮肤"，然后图示下面写着"皮肤复杂又极其精致。薇姿（Vichy）的制剂由精通皮肤复杂性的皮肤科医生研发，由药剂师使用最纯净、经过多重检验的原料制成……"我们被告知薇姿的生产者精通皮肤知识，而**我们**却对皮肤一知半解：图表什么都**没**告诉我们。这仅仅是一幅皮肤的图画：它只是进行了表现，而没有丝毫解释。所以我们再次发现为什么说再现（representation）是个闭环：图表向我们**展现**它什么都没有掩

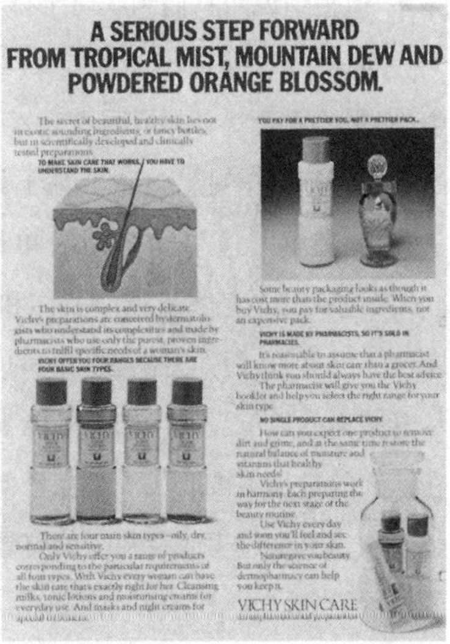

饰，这就是皮肤，放大是为了看起来更加清晰；但这其实没有帮我们了解任何东西。虽然看上去这好像是个解释，但实际上它是个符号：它的直接含义是皮肤，但意味着**科学**、**事实**和**严谨性**；它代表着神奇的科学体系，本身却含义空洞。这说明，虽然科学按理说应该是一个充满知识的体系，但是对广告（和意识形态）而言则是一个并非特例的指称系统，而我们**对此**的认知被利用了，同时我们在**其中**的知识被否定了（薇姿从图示中获取了科学的纯净、必然性等内涵）。（我们无法探悉薇姿的作用原理和皮肤的工作状态。）如果你每天都用薇姿，"很快你会感到和看到皮肤的不同"：视觉和触觉被当作最终测试，但它们仍然不会**解释**。显著性、通透性、"自然性"（仅仅是自然的等）作为指称系统附属于科学体系，但拒绝说明它们到底属于**哪一种**科学。

前一个广告说明流行观念（即对事物的认知）存在于事物本身**之中**，而想要看清就必须近距离观察、感受和触摸，而不是研究事物关系的系统。阐释学观念整体上基于相信一切事物都能揭示其本身的含义，由此理解一件事物变为简单地知道（know）它，而非**了解**（know *about*）它。知道某物直接涉及你和该物之间单纯的关系，也就是主体和客体的关系；而知道两者之间的关系涉及两个客体之间的关系，而且尽管主体的地位当然从来不可能被完全抹除，它的中心地位和特权却在认知的过程中被取代了。在任何情况下，**主体**与**客体**的关系会将了解事物的整个过程放在独断的位置上，就像试图只用一个坐标找到你的位置；当看向两样或者更多东西，以及这些客体之间的**关系**时，观察者的地位会被定义得更为清晰。

由此可见，对关系的认知比对"事物"的认知有价值得多。所以我们需要再次讨论"结构分析"（structrual analysis）的效益和危险，而我认为"结构分析"是一个尚未被马克思主义者和结构主义者分析透彻的领域——这些学者似乎被历史放在一个与"结构"相对立的位置上。鉴于意识形态被结构化的方式实际上也是社会被结构化的方式，强调结构关系将有助于研究：结构关系否定了任何事物都可以在独立状态下

　　　　　　　　解码广告：广告的意识形态与含义

得到认知,并且抹除了对主体的强调。但正如我在一开始所说,对于特定事物的认知并不来源于它们本身,而来源于它们的关系,重点是要记住,我们终究想要知道和理解的是特定事物和社会现象。对于系统的认知很重要,但在现实中它并不是空洞的结构,而是人和物构成的系统,并且是预示两者之间关系的系统——这正是我所关心的内容。

在论证一种认知可以具有实质后,我希望我没有将"科学"一词的全部含义都挖掘出来,将之变得空洞:这种情况往往产生于它仅作为广告的指称对象时。A70 中的图示纯粹是以这种方式"参考"了"科学":图示本应**表现**皮肤的工作方式,却通过图示的功能转变为一个模糊、间接的科学认知**意象**的能指。同样的取代,也就是用间接含义替换直接含义,用参照物替换解释,是一个被指称对象**貌似**存在于符号中这一事实掩饰的交换(参见第三章)——例如 A71 这则广告的作用与薇姿图示相似。

A71:看到这则广告的人都不知道"预聚焦镜头"(prefocus lens)是什么:同样,图示掩盖的只是它本身,语言乍一看有所解释,但如同图片一样也只是参照了科学知识,却没有解答任何问题。整个广告是指向科学的符号,但实质上毫无科学内涵。

科学由此被构建为自给自足的指称系统,与自然完全分离,与最初的定义相悖。它在自然中保护我们,但这种保护如此全方位,以至于科学本身仿佛变成了事物的秩序,

A71

给我们社会无数的象征,就像自然为部落社会提供了大量象征符号。

但科学从未与自然断绝关系。两者之间是辩证的关系：科学同时发挥掩盖和揭示作用，它保护我们免受自然伤害，然后又将"天然"放在我们面前：它设定了自己的"自然"法则，同时又具有 ICI 在 A67 中承诺的"吸引人的自然景观和妙趣横生的野生动物"。这种**再现**是第五章的主题，这一章中图像闭环的完成源于将文化放置于自然**之中**。

(c)"经处理的"性别："文明与其不满"

列维-斯特劳斯关于原料和熟食的二分法不仅适用于自然对象，还适用于性别。在这一方面我们将看到一切张力，"烹饪"过程仍然意在吸引"天然"，本章到此都在讨论这一问题。然而，此处"烹饪"并不简单地涉及"自然"或者我们对"自然"的看法，它涉及我们自己：我们的身体和我们的热情以及它们在我们眼中的形象。性别成了指称系统，一直被暗示、被参照、被讽刺、被双关或被象征化：绝不可能"原汁原味"。所以广告构建出性别可以被揭示这个幻觉，而实际上，性别被掩盖在其本身所涉及的其他内容之下。

A72：这里的指称对象是野性："你们中有些人文明了太长时间"这句话表达了作为精英群体对文明和文化的不满——精英群体指的正是文明社会中最顶尖的人。科蒂声称它能够"释放"这种"活色生香的直白气息"，丢弃对文明的控制：但是"现在科蒂**哄骗**（coaxed）危险的天然麝香（像动物般）进入它**自己**的奶油粉饼"。粉饼必须是**它自己**的，意味着它"自然而然"属于那里。在 A62 的佛

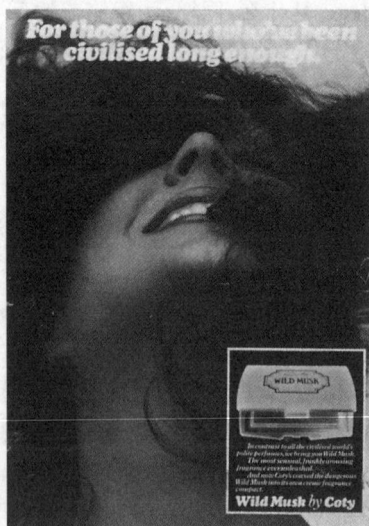

A72

罗里达橙子广告以及那一节的其他广告中，自然和文化的对立以一种被克服的方式表现出来——所以我们可以同时看到文明与其不满。因此我们可以同时被"驯服"和"释放"。

产品在"烹饪"完自然后，随之提供了一条使产品"返回"自然的安全通道。产品可以在它可能的消费形式中向我们重现自然。

A73：这个例子与 A46 的相似点在于其标题可以被理解为广告图片上方文字部分所描述的汽车加速度，但"它"（IT）同样具备关于性别的暗示。我们都"知道"所谓"它"的含义——另一个空洞的指称对象。

这个产品涵盖了两重处理，因为它提供了骑马的文明版本——"当你手握名爵（MG）的方向盘，你就驾驭了真正的纯种"——这本身就是一种关于性

A73

的隐喻，而其中隐含的意思就是你可以在名爵车里性交。汽车作为产品不仅是马的"进化"版本，还是一个私密的性行为载体，而且它本身也处于强烈的文化指涉中——它停在都德之家酒店（Tudor house）楼下。然而，之前占据汽车的情侣，可以推定他们已经"做过了"，正在向花园走去。在汽车里"解决"了性之后，他们将被"释放"到花园这个受控的自然环境中。

这对情侣走进花园显然在影射回归伊甸园——下一张广告则在字面上直接表达了出来。

A74：此处的蛇和苹果直接参照了伊甸园——伊甸园本身就包含纯洁和邪恶的双重含义，所以这是同时表现了对"原始"性欲的渴望和拒绝。此处的叛逆元素会再次出现在自然的形象中——参见后文 A81。但广告的诱惑真正体现在**我们**被引诱着出去买了这件文胸。这么做使我们提升了自己的自然地位："夏娃自己都没有用过这么好的东西。"但这种提升让我们同时回归完美的自由：尽管文胸封闭禁锢了身体，它同时也显然释放了一种黑格尔式（Hegelian）的自由精神：毕竟这是自由主义的无缝文胸。它的形式是天然的——"如身体般柔软的罩杯就像乳房，而不像文胸"（尽

A74

管它是"纤维填充或全衬垫款式"），但作用是非自然的。

然而，它**宣称**"可以使你看上去极其天然"（由此可见"天然"是一个文化概念，因为它来自一件人工作品介绍），同时又避免裸露。

将自然和裸露对立起来就是用"原料"定位"熟食"，并表明鉴于文化曾经可以将意义赋予自然，文化也可以接着引导我们安全地回归自然。

解码广告：广告的意识形态与含义

第五章　回归自然

自然是一庙堂,那里活的柱石

不时地传出模糊隐约的语音……

人穿过象征的林从那里经行,

树林望着他,投以熟稔的凝望。[①]

波德莱尔《应和》(Correspondences)

　　自然先被"烹饪",然后又被送回"天然"的世界来继承它在系统中的位置,而这个系统的组成部分同样都被"烹饪"过:这是浪漫主义符号的网络。当你在烹饪食物时,你将之安排在新鲜豆瓣菜中,或者在顶部撒上香菜,它就被移动到无可避免成为象征的"自然"中,因为出现豆瓣菜就是为了表明这道菜被烹饪过了。自然在一方面通过科技过程的渠道——不管是视频还是机械或者性,得到了产品这个结果。但当产品在自然中被取代(如同下列广告中,产品被直接放在野外或者花朵中间),它永远不可能是未分化的原始自然,因为这里需要对含义进行交易,而"自然"理应将给予产品"自然状态",虽然产品从一开始就被从自然中撕裂出来。换句话说,"自然"作为指称对象,并不接近原始自然,反而更接近那些表示"天然"的产品。例如:一则速溶咖啡广告用一系列图片展示了从咖啡豆到广口瓶里的咖啡粒的转换过程。最后一张图

[①]　Joanna Richardson tr. , <i>Penguin</i>, 1975.译文选自戴望舒译本。

上是广口瓶和一杯速溶咖啡：生咖啡豆被烹饪以制作产品。然而，"烹饪"的图片中，一瓶突然出现在咖啡杯旁的鲜花保留了咖啡的自然形象。这个浪漫的自然符号取代了产品真正的自然形态。整个"自然"概念和其引申含义被导入产品中，就好像咖啡豆被制成咖啡粉。所以，产品永远无法完全回归**自然**，因为它永远不能被**当作**自然，最多是个自然产品而已："天然"是从自然中提取的含义，而"自然"与"天然"之间有一道看不见又无法穿透的屏障。"天然"是文化赋予自然的含义；这个含义就是社会决定的，而在历史的时代变迁中，所谓"天然"并没有一个一成不变的特定构成属性。天然成了社会承认或者渴望任何内容的托词。但如果以自然为孰好孰坏的判断标准，就会显得自然像个独立仲裁者，因此"天然"成了**由**自然**赋予**的文化含义——尽管其实是文化决定了"天然"。

所以社会有两种途径作用于自然：通过科技创造人工制品，或者通过意识形态创造"天然"标记后使之与人工制品相并列以实现两者间的含义互换。在前一章中，我们看到了在文化"烹饪"自然后，生产出的不仅是人工制品，还有关于生产和"烹饪"过程以及"科学"的**意象**：意象本身就被定义得与野性、原始、危险的自然截然相反。但承认这种自我定义过程，会促使文化破坏这个定义，颠覆它优越、高效以及"文明"的自我形象。所以它终究必须回到它所战胜的自然世界中，将自身放在被它定义为"自然"的背景中。本章的出发点，就是第四章中将"天然"这个形象作为科学和制造形象的对立面这个背景。除了下文第一节中出现的"自然"这个形象之外，我们同样可以在"天然"的替代品中看到"超现实"的影子——这与"原料和熟食"一节平行，致力于展现过程本身，尽管此处比起抽离自然，更像重新嵌入自然。在最后一节中，我将讨论在"天然"框架中重置文化物品乃至文化本身。

(a) "天然"

如我所说，"天然"是一种文化符号：它所表达的内容如下面例子中所示各有不同,被用来暗示"完美""危险""显而易见""玩世不恭"等不同属性。这些属性之间的共通之处是,当它们与自然相关联时,就都是被渴望的对象。所以自然作为符号的确切**含义**,也就是作为"天然"时的意义完全弱于它作为符号时的意义。在我们社会历史的某些阶段,例如从 18 世纪到"浪漫主义"时期,"人工"还不是今天这样的贬义词;而"自然"也不具备如今堆积如山的正面特性。

社会观念中"天然"的形象变迁来源于物质条件的改变——由于科技发展,社会离**自然**越来越远,"天然"的重要性从而直接按比例增长。一个与自然随意接触的社会,必须通过与自然力量斗争来守护其边界,所以会认为自然杂乱无序,甚至满怀敌意:自然会带来饥荒、疾病和死亡。人与自然的关系无可避免是辩证的:自然让人类存在,但人类同时必须改造自然并与之斗争才能活下。这个关系的复杂性在"原始"社会和我们这样的"发达"科技社会中都有目共睹。然而在"原始"社会中,生命源于自然以及自然可能同样毁灭生命存在的事实是比在当今西方社会中更加迫切的现实——因为当今西方社会中,死亡这一最"自然"的事实是我们最大的忌讳。但浪漫主义提供了解决我们与自然之间复杂关系的方法——一种**压缩**(condensation):自然的残酷意味着优越的社会环境需要战胜它;但随之,这种优越性又存在于自然本身,因此自然与社会失去了对立。事实上自然以颠倒的形象重新出现,鉴于它被设定成好东西的象征,一切社会中不受欢迎的事物便会被称为"非自然的"。广告将"自然/非自然"术语化,把自然树立成为绝对的象征,并将之孤立起来,以至于拥有意义的是术语**本身**,而非我们与它的关系。这里同样,意识形态通过交换事物的含义,让我们无法察觉事物之间的关系。文化与自然相互作用的方式完全被降低到表意过程的程度,实际上这**篡改**了真正的物质关系。

通过这种方式,对立的紧张感消失了,或者说是被掩盖住了,因为自然被设定为与社会**平行**,而文化含义的网格被以一种直接对称的方式刻于其上，将自然变为社会的镜像之一①，它们变成了完全相等的含义系统。被社会接纳的事物被称为"自然的"，而社会不接纳的就是"非自然"的，显而易见，这是简单地将社会价值观强加于自然之上，就像复写纸，被复写出来的内容可能被用来论证原件的效力。自然和文化由此被省略了，而这种省略无可避免地"消除"了它们相互作用时复杂和矛盾的地方。创造出这种将优质物品与自然、劣质物品与非自然一对一直接对称的做法是浪漫主义的最高成就——从而让自然有了道德价值。它创造了两种含义之间的**假想**联合，但由于其潜在的差异，这种联合只能作为意象存在：我们必须认识到这种联合或者对称**是**虚构的，因为"自然文化"是我们苦苦追寻却从未到手的东西。② 所以浪漫主义引入的完善性概念实际上是一种柏拉图主义，社会只能看见完美形式的影子，而真正的完美形式出现在"理想"区域而非"自然"中——当然自然接着**成**了理想的区域。

'Why do the Cullens seem to get 70 minutes out of every hour?'

Some couples have the time and energy to enjoy things that other people never get around to. Wouldn't you love to get that much out of every hour? Think about your day and the way it begins. Are you sure you're getting all the vitamins and iron you need? The simplest way to make sure is to take one Sanatogen Selected Multivitamin, or Multivitamin Plus Iron, every day. As regularly as brushing your teeth.

Just one pleasant-tasting tablet each day provides you with the seven vitamins and minerals you need for the positive health that can seem to put more minutes in every hour.

Sanatogen Multivitamins. One a day-for positive health.

A75

A75：在这个例子中，完善性和理想化的概念表现为"每小时享有70分钟"。广告扩展了文化

---

① 见第二章 e 节。
② 同上。

解码广告：广告的意识形态与含义

单位,暗示在一小时内得到 70 分钟实际上也并非不可能。当然,一小时永远都是一小时,只是 70 分钟变得自然了:文化深入了解自然(即未测量的时间),并测量它。这种双重时间概念隐喻着照片中的另一个重要元素。尽管这对情侣之间充满张力:男人笃定能钓到画架下所有银鳞闪烁的死鱼,而女人可以画下眼前的一幕。他们的注意力集中在她产出的内容,也就是自然景象上。我们只能看到画的一部分——就像黑白照片(原本就是黑白的)抢走了我们多重色彩的自然。但它明确指出自然是它的"反向场"(reverse-field)。这些文化精力充沛地通过双重表达捕获了自然。自然被转化为消费品(他的死鱼)和表现形式(她的图画)。广告只有一半假装在展现自然——它的主要展现内容是自然,是可被表达的。这里"天然"本身就很完美,也可以被完美捕获。

A76:此处尽管产品在自然元素的中心,但"自然"还是更加抢眼,因为肥皂的名字中标明它实际上**含有**草药,而图片上香皂周围也放着扎好的几束草药。包装好和未包装的产品之间的对比使得**未包装**的肥皂获得了像草药般"天然"的状态,因为它不仅蕴含草药,还被草药包围着。同时展示包装好和未包装的肥皂不仅让未包装的看上去"原生态",而且甚至比真正的草药**更加**"原生态";因为这些草药被扎成束,所

A76

以对它们的表现与它们在广告中的表现相平行:而包装包裹肥皂的方式以及周围同样成束的草药让肥皂变为一切天然好品质的核心。

但这个广告中的"自然"有不止一重含义,标题中"Naturally"的这

个词"自然而然地"成为一种双关；在一个层面上，药草让肥皂"天然"（尽管肥皂作为强力清洁剂，是极端的文明产物），但这个词的另一重含义是"显而易见"或者"无可避免"。所以我们看到了广告的理念——也就是本章最后一段将要讨论的内容——关于什么是自然就显而易见了；"自然而然"意味着"理当如此"，所以其中包含着某种决断性，而且它将权力从我们手中移走。但上下文中"自然而然"的双重间接含义并不仅仅是含义的二元化，因为这些含义本来就很大程度上捆绑在一起，所以也不像一些双关中那样非此即彼。**正因为肥皂是"天然的"，它当然会自然地产生效果。**这两重含义不可分割。

A77

A77：这则广告展现了草药的更多神奇属性——这是最新的社会潮流之一。讽刺的是，这种"自然性"实际上充满了非自然或者**魔幻**的特性。"神秘的野花和绿色的草药"几乎被塑造成超自然的形象，而产品确切来说将你从真实的自然世界中移走——"就像你脱离平凡世界，来到一座野生的魔幻花园"。但需要注意的是，这座**花园**是封闭的自然，**并非**它所宣称的完全"野生"——你同样可以被运送到这座花园里：

　　　　　　　　　　　　　解码广告：广告的意识形态与含义

花园和温室在广告中突如其来地以极高频率声称它们是"自然"。在广告中暗示自然的异域特性同样赋予其异域风情、非同一般、神秘莫测的光环。所以对"天然"的浪漫化追求与唯物主义恰恰相反——浪漫化的自然不是物质的，而是一个梦想，一种天堂般的幻想。我不是说广告真的希望你相信产品可以带你上天堂，或者认为有人会相信，反正这无关紧要：重要的是**它所参照的那种自然**代表的是我们对"天然"的看法——尽管这显然**根本**无法实现。而这则广告中开拓出的自然**形象**是幻想的一种，这是理想的异域避风港，**不**处于"平凡世界"的自然中，而是远高于其上。"天然"因此被置于自然**之外**。

THE SHIMMER THAT NATURE GAVE TO THESE THINGS. WE CAN GIVE TO YOUR EYES.

A78

A78：这儿张插图是"暮光中的蝴蝶翅膀"，"水中的月影"和"星光下的珍珠之母"：这些完全是浪漫的自然意象。而蜜丝佛陀（Max Factor）能够通过模拟自然——再现这些微光来推进自然本身的工作。但在创造"自然"外观的同时，蜜丝佛陀还在"对你的双眼做一些自然想不到的事"。

因此这则广告有两种工作方式。广告的基调首先假设了自然的装饰性。自然不能被看作残酷、毁灭和可怕的：我们将之展现为月亮、蝴蝶翅膀和星星发出的微光。然而在更深的层面上，由于根深蒂固的恐惧，我们显然在回避自然，否则为什么我们要用蜜丝佛陀画眼影？产品在这里不自然地模仿了被浪漫化和理想化的自然，但强调的是制造：的确，自然被看作广泛的主体（就像最后一章中的科学一样）。"自然"将微光赋予这些事物，不管这是艺术还是神迹，都必定由主体来推动这一切；"天然"被蜜丝佛陀模仿，蜜丝佛陀由此成为主体的影子，用来复制自然，甚至将"自然"处理完毕：产品将微光这种自然现象移植到眼睑这个自然从来没打算出现的地方。广告告诉我们，当这种移植发挥作用时，"一些奇妙的事情发生了"。所以此处用自然来盛放非自然的惊喜：显然它有超越自身的能力。自然愈发趋于**魔幻**（参见下一章），而非**实物**。

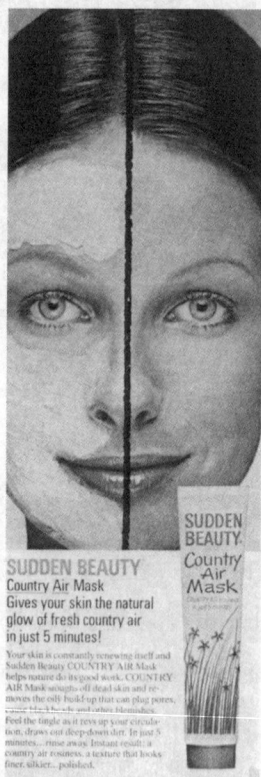

A79：此处"瞬间美丽"作用得如此迅速，以至于我们可以同时在模特分隔两边的脸上看到护肤套装的过程和结果：它带来了"即时结果"，从物理上暂时性地（"只要五分钟就能获得乡间清新空气的自然光芒！"）压缩了自然的工作（将乡间空气装进软管）。产品"帮助自然做好事"：同时复制和改善了自然。但需注意，这里有显而易见的文化隐喻："当它**加速**你的血液循环时，你会感到耳鸣……"——这条理念诞生于汽车机械，而讽刺的是汽车排放的尾气本质上在损伤被自然的乡间光泽修复完善的皮肤。而描述面膜效果的措辞非常奇怪，用的都是相当"非自然"的形容词："……质地更加细腻、丝滑……**光鲜**（polished）。"所以我们在擦亮自然的同时协助了它的工作。

A79

　　　　　　　　　　解码广告：广告的意识形态与含义

A80：前几则广告中主要存在于暗示中的矛盾在这里变得十分明显，我们可以同时看到燃烧和凉爽。这则广告让我们从毁坏健康、污染环境的吸烟行为回归自然的清新空气。图片暗含某种承诺：草地和小溪干净湿润的气息代表清凉；但这马上就会被女孩手中的香烟毁掉。清凉/燃烧的对立十分极端，但又被广告完全否认，这个例子足以再次说明论点，也就是广告作用于隐晦、无意识以及非理性的层面；将事物并列不仅会使之失去关联，还会使其完全**对立**起来（例如这个例子），但能够让这些并列拥有"自然"顺序（参见"超现实主义"一节）。

A80

A81：这则广告无须太多说明。新的"真皮肤"展现了哪怕我们的身体和皮肤都能尝试被**重塑**；而广告对自然的态度则是，"太过自然以至于**令人不适**"——真实的自然被看作某种可怕的东西。这显示了"天然"样貌是如何在真实情况下掩饰自然的"缺陷"的，体现了"天然"是文化中对自然的再现，而**非**自然本身这一观点。这则广告的天然性在于它"被设定成**你现在看待自己**的角

A81

度"——而不是你看待自然的角度,因为自然仅仅是一面供你看向自己在文化中倒影的镜子。

A82:科技在字面上重塑了"天然"。尽管大海、地平线和贝壳这些神秘浪漫意象出现在背景中,前景中的产品和故弄玄虚的文字告诉我们解决技术谜语同样是当务之急,技术与"天然"基于完善性这一概念融合在一起。电气设备可以**捕捉**自然之声,也可以与自然完美的神秘主义共事,使制造业呈现出浪漫而非科学的形象。产品的名字基本是"TPR-930,TP-770"——而所用的语言

A82

高度技术化:"高端 $CrO2$ 整流……抖晃率(wow and flutter)低至惊人的0.07%。信号声音转换率为 60 分贝加上油阻尼器的提高……"没几个人能读懂这些内容;它就像自然一样令人费解。这是一种新的**复杂**技术谜语,将自然呈现为浪漫、理想的虚拟现实,就像躺在沙滩贝壳旁的女孩。这清晰展现了如何通过制造来创造"天然",串联起这几章所讨论的矛盾、简化和恐惧。自然与完美相联系:但这种完美必须由机械来产生。在某种意义上,科技给我们提供了去往自然的钥匙,"你生命中缺少的感官":这是你获得生命完美的最后一站,填充自然留下的裂隙。真实的产品同样填补了广告的浪漫背景、图片和下方深奥的技术说明之间的空隙:

A65(b)(请见第 129 页):尽管标致汽车足以藐视自然的威胁,它在自然威胁之中仍然具备浪漫的形象:一辆小红车独立于冰天雪地之中。危险的氛围除了证明汽车的安全性,还自相矛盾地映射着汽车本

解码广告:广告的意识形态与含义

身——在机械、精准、节省人工的产品的作用下，我们的生命越"文明"受控，就越需要广告来代述一些"冒险故事"，让我们重新体会危险和兴奋。尽管广告表面上说的是标致可以带你逃离危险环境，实际暗示的内容却是它可以带你进入并创造激动人心的探险。

A66（b）**（请见第 130 页）**：尽管产品声称自身相当实用且坚固，此处对使用条件的描述和说明却与大多数人毫无关系。这类广告中的宇宙飞船/极地探险/珠穆朗玛峰主题只会让产品的背景离我们的日常生活愈发遥远。这则广告涉及的形象，虽然科学、坚固，但仍旧十分浪漫：正如 A65 中，我们被贩卖了冒险、探索和激动。克里斯·鲍宁顿代表着（几乎拜伦式的①）浪漫主义英雄独自身处孤独、挑战性的探索中；而高山本身的形象，也就是高耸入云的嶙峋山峰，被浪漫化地放在画框里，表达了一种成的巅峰；我们看到的是山峰像箭一样直指天空，又被完完全全连背景一起画在框里。

将机器放在自然环境中使之获得"天然"的光环可能会导致独特的并列，而本节的最后一个例子将引领我们直接进入对"超现实"的研究和领会其与广告之间的关系。

A83：广告希望表达雪铁龙（Citroën）"十分美丽"，所以它被放在表达自然美的花丛中。标语中有一则轻微的双关，让我们知道为什么可以假设汽车是温室：

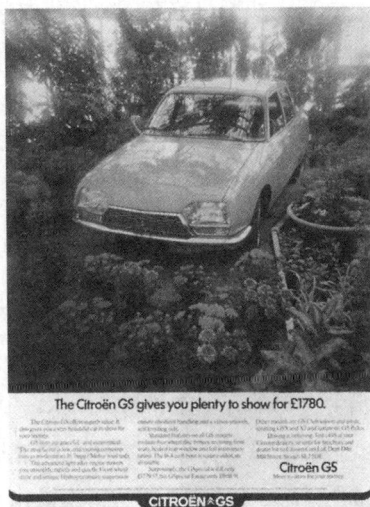

The Citroën GS gives you plenty to show for £1780.

Citroën GS

CITROËN ᐯ GS

A83

---

① 拜伦式英雄（Byronic Hero）：指 19 世纪英国浪漫主义诗人拜伦作品中的一类人物形象，主要表现为骄傲、喜怒无常、愤世嫉俗、蔑视一切、冷酷无情，同时心中充满痛苦自嘲，但又能够体会深切的情感。——译者注

重点是汽车让你"有足够多内容可以展示"，就像花可以衬托你。这就是用自然作为指称对象，暗含某些事物可以拿来拥有和炫耀的意味。除了展现温室中的花朵外，还有上百种其他方式来暗示美，所以它们在表明"天然"相关性的同时被外部世界挪用，被所有者主观地拥有、培育和"栽培"，而所有者用它们代表**自己**——作为主体的他夺走了自然的主体性。广告的最后一句话是"让你看上去更有钱"：因为汽车可以拿钱买到，这就说明自然同样可以被购买和拥有——自然变成了和汽车一样的**财产**。

温室里的汽车（这个停放方式相当少见）是一幅非常简练的画面，暗示着美丽、财产和"天然"。这种奇怪的物品摆放方式所暗含的联系（甚至很难想象汽车是如何**开进**温室的）依赖于**主体**的存在——拥有汽车和植物的人将两者同时陈列出来。唯一的合理解释是拥有者（通过陈列）连接了两样截然不同的东西，否则整幅画面将完全无法理解。

将一块肥皂放在一篮草药中，将录音机放在海滩上，或者把汽车开进鲜花绽放的暖房，这些都告诉我们，当"经过处理"的客体被"带回自然"后，广告中出现的联系不论多么异常都不足为奇——但我们很少注意到这些不合理的摆放，因为我们会**假定**这一切背后存在理由。我们不加质疑就将广告的一部分含义与另一部分相交换，从不在意这些不同甚至矛盾的事物是否可以被放在一起。超现实主义是一种形式，其所掩盖的不是某些并列的奇异特性，而**是**如此摆放方式的原因。在前几个例子中，连接因素是"自然"，而这模糊了特定画面之间的不和谐——例如香烟盒和高山流水。但在超现实主义中，画面可以不和谐：我们需要看得更深一点来体味"底层"的理由，这种理由可能是"无意识的"。阐释学的概念可以再次适用在这方面（参见第三章）。以下短短一节围绕广告之外的超现实主义，因为超现实运动在历史上接续了浪漫主义运动，同样基于许多类似的主体性概念。从自然中的主体到主体在"天然"秩序下的形象，这种"艺术"转变只是意识形态中主体愈发复杂的地位中零散的部分，这在下文最后一节中有所讨论。

　　　　　　　解码广告：广告的意识形态与含义

(b) 超现实主义

在这一节中我只关注超现实主义的文化形象和神话,而不是超现实主义运动。问题是——这些神话在广告中如何起到作用?

超现实主义在用不相干的物体建立"封闭的"、可以回溯主观世界的浪漫主义。在达利(Dali)这个最神秘和公开的超现实主义画家的作品中,超现实主义的源头在《面部幻影和水果盘》(*Apparition of a Face and Fruit Dish on a Beach*)中表现得尤为明显。

这里风马牛不相及的物体和画像被放在一起(与把凯瑟琳·德纳芙和香奈儿放在一起没什么不同)。显然广告商对达利报有期待:在后文一些例子中,你能看到广告使用了达利最著名的画作中光滑的、摄影般的风格。超现实主义被称为"通往绝对的道路"[1](也许参照了弗洛伊德的进入无意识的"神圣道路"[2])。绝对的世界独立存在于真实之外,广告利用它再次找到了将物体并列的方法。超现实主义的文化形象意味着广告的观者预设这些物体之间存在联系。在这些例子中我们**阐释**了令人费解的并列,却不期望获得答案——对超现实的阐释没有为"双钻"广告(见第 99 页)提供任何答案或者解决方法。正是明确关系的缺乏使得我们假定其中联系比我们所能觉察到的更深——事实上这些物体之间的隔阂越深,我们所期待的无意识联系就越紧密。我们对超现实主义的了解否定了我们对事物之间真实关系的认知——比如(下文 A86 中的)人造黄油。而对于假定的主体性和无意识的表现陈述了观者本身的无意识被广告拿取并重现。

A84: 多乐士(Dulux)系列有意识地运用了超现实主义的神话结构(mythic structure)。制造这种"公开"超现实主义效果的一个重要因素

---

① André Breton.

② "royal road" to the unconscious,指梦境。——译者注

是蓝天:"天然"背景使得图中物体看上去像是自然产物,而前景尽管只是个闪光的表面,却在"地平线"处与天空相接,因而占据了"大地"的位置。图中透视的"灭点"(vanishing point)在油漆罐上或其后。但除了"超现实的"蓝天之外,超现实主义的效果产生于对物体的布局。我们看到了物体、工具、效果(墙和门),以及两个象征(多乐士广告的古牧犬商标和制造商 ICI 的标志)。广告的

A84

必要配方(就像梦的元素)被放在同一张图中。然而,所有广告**都是**这样发挥作用的。简单来说大多数广告都假装很现实;但实际上它们和这些广告一样猎奇,将"超现实主义"当作指称系统。把不相关的物体收集到一个神话结构中是一切广告的本质——神话结构永远是一个缺乏含义的既存结构,或者一种只能通过一个有认知的主体来获得意义的类似梦境的结构。被关联的是产品与其相关物(如第一章中所讨论的),而结构则是意识形态结构的一部分。

　　当这则广告中出现了"多乐士古牧犬"和 ICI 标志这两个已知符号后,图中的一切实际上都象征化了,因为没有其他办法解释这个奇特的结构。这张图甚至不能假装有任何具体内容,所以它必须具有象征性,代表的不是外部现实,而仅仅是其本身的内部现实——而我们对此不会产生怀疑。这里的一切都象征着产品,而产品是其他物品出现在这里的唯一原因。这里的含义是闭环的,因为符号被它们在结构中的位置合理化,而结构因为其中的符号而合理。你只能按照图片的意思来理解它,没有其他办法。

A85：此处超现实主义和"天然"之间的联系愈发明显。一方面，超现实主义将物体从它们的"正常"（自然）环境中移走，排列成梦境的序列，另一方面，广告使用了文化梦境或神话所产生的联想——也就是最基本的"自然"范例。这则广告显示产品作为自然的**符号**，与自然相并列——这种联想只可能产生于我们做梦似地相信产品状态是"天然"的。它们就像田野中的"奶牛"：这些符号在此从字面意义上替代了自然，而这是广告中一直发生的事（参见第三章）。

A85

A86：前一个广告用产品替代了奶牛这些自然生物，而这里我们把奶牛**和**产品一起放在田野中。A85 是一个挖空系统然后嵌入产品的例子：把奶牛从原有位置赶开然后用牛奶瓶占据它们的位置和一部分的意义（尽管此处并没有合理的基础，因为产品并不产自奶牛）。

然而在本图中，黄油作为奶牛**的**产品，显然是"自然而然地"被放在它们旁边。注意植物是怎样溢出边框的：植物引人关注并使人认为它**就是**边框。广告不曾尝试

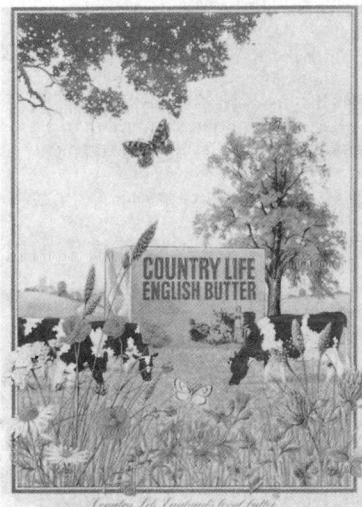

A86

在实际上表现得真实、"自然"。"自然"品质只是被挪用了,从表象层次到达更深的联系层面,在那里解释并证明了整张图正是缺乏"自然主义"。实际上,加工黄油和奶牛之间的异常并列将我们的注意力吸引到黄油上。我们感到的其间联系必然比视觉上的更深。

所以,尽管看上去奇怪,黄油、奶牛的产物和奶牛本身通过这种方式被放在一起,获得了相等的地位以及相似的必要特性:奶牛看上去完全没有被它们领地中的大块黄油所干扰。广告混淆了原因和结果,从而否定了**过程**:生产者和产品彼此相邻,从而否定了生产的物质过程。黄油看上去仿佛"就该"在**这儿**:没有任何提示说它是被制造出来的,也不会告诉你它经过了文化"烹饪",从奶牛(潜在黄油)的阶段变成包装(可销售的黄油)。就像弗洛伊德所认为的,梦境忽略语法,专注于将事物看作符号,而无视它们之间的关系,超现实主义和广告忽略了事物之间的联系。黄油和奶牛只是简单出现:它们**符号化**地相关(奶牛将"天然"品质交易给了黄油,从而实现含义转换),但并不涉及**交换**。图中所示的同时性甚至否定了转换可能发生的时空,奶牛和黄油的完成度使得两者只能以绝对形式存在,而没有空间容纳它们的其他形态。

用符号象征关系替代真实关系是意识形态的一种基本功能,因为符号关系不具备辩证性,并需要符号的现状作为前提条件。对关系的错误表达本身不足以掩盖社会中真正的生产关系;所以这种错误表达必然有"秩序"和"正当性",以至于它永远不需要自我辩护,因为无人质疑。在超现实主义图画中,我们假定事物之间存在逻辑联系,仅仅因为它们被表现得像是有关系;赫尔福德(Hereford)的"奶牛"将关系带到了产品名称中。但黄油广告的复杂性在于黄油和奶牛确实**具有**联系——只是这种联系并不是图画中展现的**方式**。而在超现实主义中,对事物之间关系的扭曲同样涉及对我们和这种扭曲联系之间关系的扭曲;因为我们假设了一个**可以**与之合理联系的主体,在试图寻找合理性的同时,我们试图将自身摆在这个"启发性"主体的位置上。所以对"神话性的超现实主义"的草率研究不过是本书第一部分已经讨论过的内容。超现实主义本身作为指称系统的用途是让广告通过主动暴露这些特性，来保护它们以免暴露。

(c) 天然的意识形态

"我们中的许多人……发现人类之间的剥削就像我们征服自然……"①

我们将超现实主义作为"指称系统"，是因为我们习惯于看到实物之间没有明说的联结，这是静态而非辩证的联结；我们假定的是"事物的秩序"。显而易见，在研究自然和科学、文化和"天然"之间的关系时，不仅科学会摆布自然（参见 A67 的 ICI 温室），自然也被文化占有，成为符号化的"天然"，使得自然中的含义被转移到文化中，连同"天然"秩序一起投入文化产物和文化本身。A76 中"自然而然"一词举例说明了这种转移：自然系统被纳入社会用途，以暗示其必然性。

以上所有例子都表现了自然/文化关系是多么复杂，再画一遍"烹饪"→科学→回到自然的循环的简化图表可能会有助于理解：

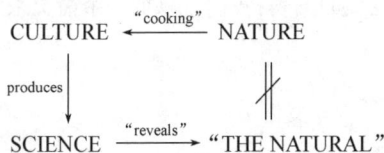

$$\text{CULTURE} \xleftarrow{\text{"cooking"}} \text{NATURE}$$
$$\downarrow \text{produces} \qquad\qquad \|\!\!\!\|$$
$$\text{SCIENCE} \xrightarrow{\text{"reveals"}} \text{"THE NATURAL"}$$

广告在制造可供交易的自然形象时，会提供一种可以不断在循环中反复工作的"通货"——这个循环当然永不静止——而我们使用这些通货，因而延续了关于自然和文化状态的特定观念。这些观念，如我所展示的，涉及文化对两者实际关系的误认——换句话说，也就是一种意识形态。然而，以上关系图并不是对这种意识形态和其延续行动的简单再现：自然和文化之间的关系是真实的，而科学通过实验和编译结果作用于自然，并不一定会否定自然的现实性。图表的重点是它画出了

---

① Brecht，*The Messingkauf Dialogues*.

意象的生产，也就是符号与非物质之间的关系。自然在经过文化烹饪后又喂给文化，来为"科学"提供饲料（在第四章中描述），在这个意义上（见第三章描述）自然是抽象的组织者：**透过**"科学"我们能看到有秩序的自然；其本身的透明度让我们看到什么是"自然"。而在科学之上，在其整齐规划的窗口之后的是"天然"：所以这种真正的双向关系**表面上**得以完成，但事实上完全无法完成，因为尽管"天然"在意识形态上与"自然"共处（它们都在图表的右侧），实际上"天然"与自然完全无法调和，因为一者是真实的，而另一者是象征性的。"天然"指代了自然，但符号和指称对象永远无法合并，哪怕广告努力说服我们它们可以合并。所以文化从来不能直接与自然相关，自然的"原始"状态入不了文化的眼：社会吸收自然的物质构成，用来制造广告所售卖的商品，而自然同样作为象征性材料，在广告中以图呈现，来与产品重新结合。所以运动的方向是一致的：事实就是，社会从不往身后看，不会毫无防备地看向满足了其物理和理念需求的自然。它只会向前看，看向一面反射了自然背景的镜子，但它的焦点仍是社会本身的形象。

这里又会用到我的图表：我们可以加一个箭头来画完这个"错误的循环"。

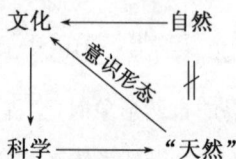

文化 ←———— 自然
↓ ＼意识形态 ‖
科学 ————→ "天然"

我们的制造业世界一旦创造了"天然"的形象，就会利用自然来佐证它的作品，而"天然"所包含的平静、有序和必然等隐含意义则是社会对自身的看法。这些自然和机械化之间的并列并非任意的。它的符号形式恰恰暗示了机械化的状态，更重要的是，我们与制造业的假想关系来源于"天然"。意识形态需要歪曲我们和生产方式之间的关系来发挥作用，而广告通过不断描述实用性来展现我们和机械再生产中被揭示的部分和揭示过程之间的联系。我们"透过"科技看到自然：因为过程

　　　　　　　　解码广告：广告的意识形态与含义

完全透明，所以科技不应受到指摘。科技进一步邀请我们作为**主体**来看**透**它，因而我们会忘记我们在看**向**它。"自然"在社会中的用法和现有含义展现了其意识形态价值：自然本身为天然产物的存在辩护，因为自然是无可更改而且显而易见的。而将"自然"设置成令人满意的存在状态，让"天然"成为一切优秀、健全和美丽事物的定点，也就是让这种被辩护物品的现状满足我们所有的努力和期待。所以依附于"自然"的两则内涵相交于一个满载意识形态的焦点。科学让自然在**共时性**层面看上去有序，因为一切分类体系都必须具备这种品质。

自然体系由此变得永恒且形而上，但矛盾在于它永远都是"**真材实料**"。这一串间接含义另一端连接的是欲望。当今难道有谁会希望活得"非天然"，看上去"非天然"，吃"非天然"的食品，以"非天然"的方式生活？但我们**确实**都这样生活，所以我们同时力争回到充满草本香波和全麦面包的世外桃源，化妆成"天然"状态，穿戴"看不见的"衣物。没有人会否认自己想要显得更自然，或者明确说出他们更喜欢罐装食品和假睫毛。广告并未发明出第一重含义，它们只是在内部"通货"（A76）中使用了这些含义，而第二重含义的确是广告创造的，它们对指称系统贪得无厌的需求最终将我们的欲望卷入其中。广告无法发明创造指称系统，但正如我所示，广告可以将含义从指称系统中挖掘出来，然后放进自身：所以"天然"系统开始被我们渴望购买的产品填满，而这代表着既然产品被制造出来**象征**自然，我们通过购买就能获得"天然"。

忽略这两重含义会导致对必然存在物悖论式的渴望——或者更温和地说，希望让事物被放在原有的位置上。这样一来，整个令人迷惑但具有象征性共鸣的区域中，"自然"和"天然"在我们生活中的物质功能被否认了，因为它们受到限制，只能发挥意识形态功能。

第六章 魔 幻

A87：这则广告运用了在本书第一部分中所讨论的策略——"客观相关"、缺席、语言、诠释、叙述——但这些全都被组织在指称系统周围，而指称系统主要运用于两方面：首先，在品牌名称中；其次，在其转换成形容词状态的过程中——"……黑色魔盒"。正是魔幻让我们的认知与广告中对符号的交易相交叉。我们知道"幻术"会做什么，本书第一部分所讨论的时间和空间替代为我们对**魔幻**转换的设想提供了捷径。

Who knows the secret of the black.magic box?

A87

这则广告中的物体代表了两种存在——如同厨房广告（A40）中无法直观的内容。这里女人的信只透露了部分；收到这封信的将是送礼物的男人。这封信中重要的措辞是："……我们上次见面……"以及"我想早点再见到你"。两种叙事可能性均可供猜想。盒子的阴影遮盖住了他们之前的邂逅，而信的结尾是："也许我们……"我已经展现了缺席的用途（在这里包括人物的缺席和语言的缺席）是创造一个位置给广告的观者——只有我们能补完这段叙事，填补前叙事件的细节，并且构造出经历这一切的主人公。我们同样可以购买并消费这一盒魔幻的巧克力，盒子包含了秘密的内容和圣诞派对上将发生的一切：一些甜蜜、魔幻并黑暗的事情。"黑魔法"同时意味着对发生的事以及即将发生的事保守秘密的承诺：这个秘密取决于我们对巧克力的既有了解。魔幻盒子让男人和女人被放在同一空间中（因为他们同样由客观相关所表示），并且**神奇地**获得了她的好感——她不"知道该说什么"，因为礼物的咒语已经决定了她的行动。

"黑魔法"预示着一种尚未经历的甜蜜（缺席的两人之间一系列省略的事件），这种甜蜜不仅来源于消费盒中的内容，还来自这段关系的发展；而这种可能性同样存在于去除了包装但尚未打开的盒子，以及旁边仍然包装完好的小盒子之间的关系里。明显，这点有利于"黑魔法"，因为它是先被拆开的。她似乎**神奇地**知道盒子里装了什么，否则不能解释为什么只有这个包裹被拆开了。魔法让我们有优先获取信息的特权。实际上通过物体的拼图构建出广告中女人的我们和我们所塑造出的女人之间的关系就藏在信纸的阴影中。她知道信上写了什么——而我们不知道。我们的认知与女人在魔幻中交汇。我们和她的共同点是知道这个盒子的魔幻力量。它将男人带进房间，并且承诺会有圣诞节的邂逅。而由于我们知道这是神奇的物体，我们同样能够收获广告中承诺的效果。我们同样可以买一盒"黑魔法"送给别人。我们对盒子力量的认知创造出这种可能性，这种尚未实现的可能性让我们像魔法师的学徒般被吸引到广告中。

她不仅先打开了魔幻盒子，更在拆开另一件礼物之前写好了信。第二件礼物尚未拆封，这就保证了她仍然存在——她必须回到广告中的空间来发现另一个盒子中不太重要的秘密。礼物（presents）/存在（presence）/现在（present）：当然，广告中的这个盒子永远不可能拆开，就像她永远都即将把这封刚写的信装进准备好的信封。巧克力的神奇蝴蝶结也是一条线索，因为"黑魔法"盒子永远被拆封但尚未打开。而正是另一个未拆封的盒子制造出了广告中的盒子被关上和被打开之间的行动。其他细节也如此暗示：未打开的分装香水瓶和打开的粉盒。如此运转让广告在无限的空间中永恒存在。

这些物体作为客体的对应物也代表了女人，意味着这个**女人本身**也即将被拆封。拆礼物的人会被拆，因为她陷入了"也许我们……"的暗示。丢在一旁的珠宝已经说明了她和她未来的行动。

也有可能图上所有东西都是礼物，而礼物预示着她的存在：在左上最顶端角落里的钱包放在包装纸上。如果所有物品都被放在男性的叙事中——**他是给予者**——那么她的故事仅仅是她获得了礼物和存在。在这种情况下礼物在屋中的存在更加魔幻，因为表示她的东西来自另一个人，也就是那个男人，而他代表了送出礼物的另一个地方。现在**魔法**在时间和空间制造效果：它将一物转换为另一物，正如我们可以用广告中的物来代表拥有它们的人；它可以将某些东西运输到别的地方，就像魔盒将男人带入了房间。而它能产生结果，就像盒子可以揭示其内容并填补它出现前的事件。

"谁知道黑色魔盒的秘密?"这则标题捆绑了广告中的交易双方。我们所知的"谁"，当然是写信并且经历了所述一切的人。她同样经历了承诺的内容。但确保这个"谁"存在的是广告在问题中所指名的旁观者。我们塑造了叙事的主人公，并且补充了故事中缺少的部分。旁观者保证为客观相关的指称对象提供内容，说明"破译者"和"被破译内容"在对黑盒子的诠释中合并起来。魔法施行了这种合并，因为这个秘密的潜在知觉者是我们，鉴于我们可能会买一盒"黑魔法"，而我们需要用自己的魔杖实现广告中的功能。标题中的问题是同义反复——因为"黑色，魔幻"这个秘密的答案就是"黑魔法"巧克力。

这则广告预设我们神奇地懂得魔法。盒子和广告是两种可知的内容——或者说暗示了知识。

我们可以打开盒子；也可以揭示和破译的广告中缺失的内容。而这种缺失同时存在于空间和时间——男人和女人在空间上缺席，过去和未来的事件融合在盒子中，因为透过盒子不仅可以回忆过去（圣诞派对），还能展望未来（"也许我们……"）。所以我们穿透时间和空间来寻找"黑色魔法盒子的秘密"。

魔幻的运用

魔幻不是单一的统一指称系统，因为它不像自然是件"事物"，而是一个过程，一种**做**事的神秘方式。所以与"自然"或"时间"不同，它并不涉及任何特定区域，而我们与这个区域直接的关系会使意识形态将我们放在错误的位置上——意识形态代表了错位本身，代表的是转换这个概念，我们的位置转换并没有实际发生在这个时空**之中**。魔幻由此成了一种制造误导的轴心——这是一种转换性的指称系统，一条在系统之间行动的捷径。所以我们必须认识到，本书这一部分中魔幻与"自然"和"时间"的地位不同，它是在为两者关系进行特别的扭转。魔幻显然不是一类转换的原型，而仅仅是一条标题，是有组织的神话，其中含有多重可以不经解释就发生短路或者不成比例的转换、制造和行为——唯一的解释**是**这**就**是魔幻。

魔幻永远在误导时间和空间，或者说扭曲时间中的空间。时间以奇特的方式被纳入空间，就像被放入水晶球——一个**容纳**未来的物体——而用咒语或魔力**即刻**从虚空中召唤物体，使得空间被神奇地从时间中制造出来。在这些魔幻过程之中，你就是一切表演所聚焦的主体——你是产品的卖家或用户。

消费品和现代科技让一切都变得现成：我们只是用户而非创造者；人工制品充斥着我们的世界，让我们无需任何行动。而广告必须削弱这些强加于我们的惰性；所以广告秉承浪漫主义，着眼于冒险和刺激（参见 A65b）。但我们唯一能做的实际上只有购买产品或者念咒语般地说出它的名字——这是**我们**为了获得刺激所采取的行动。这种最小量的行动无可避免地创造出"魔咒"元素：用细微行为，创造"伟大"结果（或者被许诺将会获得这样的结果）。这个行动就是购买，尽管在广告中它往往被调换为别的东西。

所以，不管广告中的魔幻运用在哪个领域，广告最初所参照的魔幻都是我们购买和消费的行为被错误地展现为生产而非消费。

　　魔幻使付出和回报不成比例（一种力量的转换——将无能转换为力量）。在这种意义上，如我所说，一切消费品都有魔法，而一切广告都是咒语。但本节中的广告比这更进一步，因为它们尤其迎合了我们对魔幻的感知，广告假定的转换系统中这种不成比例的结果神奇却精准地出现，而正因为这种神奇的品质，我们不会寻求解释，因为奇迹本身定义如此。这就好像我们在解读超现实主义时所描述的情境：广告越不知所云，我们越觉得它"确实"有意义，而且这种意义必定蕴含极深。广告提供给我们的结论越惊人，就越贴近不需要解释的"魔幻"系统，看上去也就越不那么惊人，因为广告本身不惊人，惊人的是魔法。

　　因此魔幻可以被用来歪曲任何生产系统。如我所言，购买产品的魔幻效果是将消费转变为生产——广告的终点（也就是让我们购买）变成了起点——它发起了全部这些神奇的事件；在第三章，我们发现阐释学先将我们构建为含义的创造者，然后又将我们限制为答案的消费者。正如在第二章中所讨论的，歪曲消费和生产有很重大的意识形态意义。魔幻让我们觉得我们可能不仅创造了含义，还创造了实质效果——从而甚至比阐释学更有效地将我们的注意力从生产商品实物的过程移开。在接下来的广告中，显然产品本身被看作生产者——尽管产品和生产者的尺寸不成比例。但这种情况下生产的过程必然永远缺席，因为魔幻是瞬时的，只会超现实地"发生"，而不会实际工作。这是广告中我们从来不填补的一种缺席：鉴于引入了魔幻，广告的召唤即使不明目张胆，也暗示性地用自身填补了行动和结果之间的空隙，使之不再是空隙。正是对空间和时间的省略否定了生产中的空间和时间。显然这类似意识形态否认社会生产的现实系统。通过强调产品的效果，或者说强调它作为生产者的角色，广告中魔幻的形象否定了产品是被生产出来的事实，将之从它在世界中的真实位置上移开，同时许诺这个产品能够生产出其他内容。我们只要做消费者,就可以做生产者,而且将会生产出神奇效果——美丽、爱情、安全,等等。

我们报出产品名称并且购买的行为是引发更大动作的咒语。当今类似的捷径出现在机械小工具的按钮上。广告中的魔幻承诺少量付出就能即刻获得结果,这反映了当今日常生活中一项无可争议的元素。随着外部资源投入的大幅度增长,个人变得愈发被动,就像旧时的魔法师(参照浮士德),我们从不生产或者控制这些力量,因为我们已经学会与之协调共处。电力和电子媒体让魔法在现实中也能"即刻"生效:直接性和快速结果不再是巫术和秘术的领域。此外鉴于捷径和被动相互伴随,前者创造后者,而被动同样保证了让更多捷径有存在必要,因为通往精彩现象的捷径可以弥补这种被动。这在被动和行动之间创造了永不停歇的交换,形成技术行为和魔幻行为之间的转译,而转折点就是我们自身的**不活跃**。我们被科技剥夺的掌控权又以咒语和承诺的形式回到我们手中。

当然,我们**不能**掌控施法的结果:结果已经由产品(魔幻物体)和我们被告知要用的文字(咒语)决定。魔法是一种决定论:它包含了特殊仪式,这些仪式有特定和先决的结果和效果。这就是为什么你需要一本咒语书,因为它提供了在不同场合下创造不同事物的公式。每一个看童话的孩子都知道这些。所以魔咒的施咒过程与之前所讨论的阐释学观点密切相关:这是概念决定论(conceptual determinism)的物质对比,同时拥有相同的效果,即让主体在感到活跃的同时实际上将其行动引入单一方向。"咒语"的结果就像拼图的答案一样"既存"。用宝滴洗澡后会有事发生,想要触发这件事就得去洗澡,而我们无法**选择**将会发生什么:广告图中会发生的事是一个年轻男人开着跑车到来。由此可见,洗澡之后会发生的事与两性关系有关,而不会是你得到新工作或者突然学会小提琴。

鉴于魔幻的唯一随机元素是你是否会进入这些预定的力量渠道中,而不是这些渠道会做什么(过程的两端永远固定),显然魔幻涉及非常确切的秩序——不在于**事物**，而在于结果。所以这紧密地卷入了"自然"的概念，因为魔幻力量的决定性中带有一些"自然"状态。实际上"魔幻"构成了一种先于科学的自然秩序，不是通过在实质上排列自然元素，而是通过假设某些机构中确实存在一些本质上的因果关系。

恰恰是因为事物之间看不见的界线，魔幻力量所行进的路线极度"自然"而且无可避免，以至于它们可能（显然）完全随机。对原因和结果两端的分配不均正是衡量其魔幻度的方式。而联系两者的既定性让过程这个概念显得冗余：生产者和产品、原因和结果同时瓦解，因为一者已然暗示了另一者。所以结果永远**包含**在原因之内，就像一些问题（2＋2等于几）一定有答案。

魔幻同样紧密联系着现代科技，这体现在晶体管收音机、便携计算器、袖珍照相机等产品都重点强调了微型化。这几乎可以被描述为我们时代中最伟大的神话之一：**缩影**的焦点，部分涵盖全体——小中见大、举一反三。缩影不仅出现在真实的"科学"中，还是许多观念的当前趋势。文学批评中，主观主义的理想主义传统一直专注于有启发性的时刻，即部分揭示整体——换句话说，也就是阐释学的钥匙。所以，小事不仅能预示大事，还能**包含**大事。被压缩的内容只待释放。这让原子弹与一罐浓缩汤真正相当。

以小见大、化繁入简的技术形象出现在下面一则银行服务的广告中：

A88："用简单方式解决复杂问题"和原子结构：广告同时表达了"科学"的复杂性和简明性。科学神奇而复杂，但广告神奇地提供了进入复杂世界的简单入口。

我之前谈论过，在广告中，意象围绕着一个特定指称对象的生

A simpler way to tackle complex problems

Midland Bank Group

A88

　　　　　　　解码广告：广告的意识形态与含义

产和排列并不是随机的或者完全自行决定的,也没有真的表达这个指称对象。意象本质上表达的是我们与社会的物质基础之间千丝万缕的联系。如同一贯所见,自然和魔幻的意象并不"代表"自然和魔幻,而是**利用**这些参照体系来**曲**解**我们**与身边世界及所处社会的关系。编组指称系统的目的并不是从中提取意象来表现它本身,而是用来表示其他内容,例如产品,或者由此总体表示生产和消费。我们在与**指称系统**关系中的错位——如同它的所指,我们的"所指"也从我们手中被夺走,用来表示其他东西。仅仅就**系统**而言,这种根据我们的认知产生的置换是我们的想象在社会关系中的错位。然而,魔幻与自然和时间不同,它**永远**涉及错误关系:我们**确实**存在于自然和时间中,但正是自然和时间中的想象和创造否认了这种存在,从而构成魔幻。魔法师就像自然和时间中的黑洞——不花丁点时间就制造出**非**自然。同样它像黑洞一样吸引**我们**参与这种创造,并假装我们是它的实际发起者。我们被吸引进这种不自然、非时间以及非空间的时空。我们被邀请到翰格兰(Haigland)消夏(见下文),或者染成金发后成为另一个看不见的人["珍去哪儿了?"她用希尔顿(Hiltone)变成金发了]:换句话说,我们在不存在的地方消磨时间,成为一个不存在的人。这种"缺席"并不是需要我们填充的缝隙,而是一种"缺席"(absent)的不在场(absence),否定了我们的位置,从而否定了我们的存在。

因此魔幻显然是一种转换体系,可以包含许多不同的意识形态元素:这是一种元系统,集中了其他系统中的所有会发生的错误关系和省略,这是一个翻译和转换的问题。鉴于它具有相当多的意识形态功能——或者说,各种点滴细碎的意识形态共同穿梭其间(阐释学、"天然"、决定性、活跃主体的神话、"科学和技术"等),这些意识形态碎片最终都具备**相同的**功能,也就是歪曲我们在生产体制中的位置。不出意料,"魔幻"通过其本身的神话,囊括了许多不同的属性。"魔幻"再次成为基础知识的温床:灯上和瓶中的精灵、仪式和咒语、瞬间成长或缩小、点石成金、魔杖和施法,以及一系列从挂毯到戒指的其他物品,这一切构成了魔幻的全貌。这些内容将出现在以下的例子中:为了出现在魔法神话本身"之中",它们的安排根据的是不同神话,也就是基于"魔幻"属性,而非意识形态功能。在罗列魔幻、自然、时间和意识形态的关系之后,我将简单地进一步展现一些不同于 A87 的"黑魔法"——即没有立刻呈现魔幻概念的广告。

(a) 炼金术

A89:这里我们看到的是土豆的缩影——一个微粒:正是土豆片的小体积保证了神秘感。毕竟他们生产的是"**神奇**土豆泥",哪怕从名字上都比一般土豆粉看上去更神奇。没有逻辑能证明更小的颗粒会做出更好的土豆泥,我们只知道微粒越小,转变过程就显得越"神奇"。"小颗粒更胜一筹。"图片基于科学的魔幻性产生于放大效果;你可以看到拇指和食指的指纹,以及微粒的表面凸

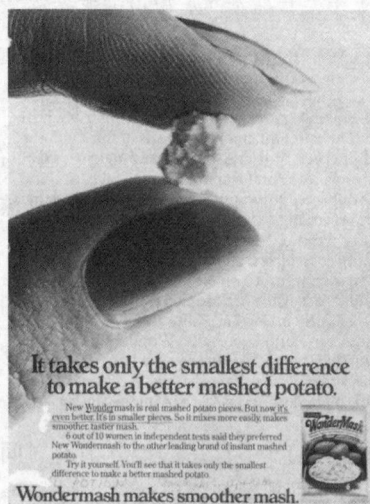

It takes only the smallest difference to make a better mashed potato.

Wondermash makes smoother mash.

A89

凹。这让人有种透过显微镜观察的感觉,而放大土豆微粒只能证明在**没有**通过显微镜观察的情况下它有多小,"最小的差异"这个概念同样引入了差异的整体概念,但又带有转换性的不平衡:这样一来任意区域的最小差异,也就是魔幻计量,可以制造出效果上的巨大差异,因为魔幻起了作用。图中放大的微粒涵盖了大量土豆泥。但需要注意,我们看到的是颗粒而非结果,所以不是真的土豆泥——只是微粒囊括并代表了结果。所以神奇的缩影,也就是概要,与符号有大量共通之处。

这则广告展现了许多魔幻要素:"神奇土豆泥"一词、压缩和囊括可以释放出比其本身更大的力量,将事物分解成为细小粒子却仍然

　　　　　　　　　　解码广告:广告的意识形态与含义

可见的科学奇迹。自然经受转化——如同 A61 般"被烹饪",从时间上生产出便捷、"速食"的土豆泥,而无须费力将土豆削皮、煮熟再捣碎。

A90：这则广告展现了魔法用少量原材料创造大量结果的特质："大量**魔法**来自一点酵母"。这则广告的形式与 A78 十分类似,就像蜜丝佛陀将自然给予星星和蝴蝶的光泽匀给你的眼睛。此处我们看到的是"自然"魔幻的例子(与前例中科学魔幻**重塑**自然有相当大的区别),广告中产生的内容看上去没有来源,就像从杯底往上冒的香槟气泡,或者"膨胀"的面包,都是神奇的增长。广

The sparkle in champagne

The lift in loaves.   New life in your skin.

A LOT OF MAGIC COMES FROM A LITTLE YEAST

Yeast Pac is the only face pack which contains nature's miracle worker, yeast. It's what makes Yeast Pac different.
Before your next night out give yourself a quick ten minute facial with Yeast Pac and feel the difference.
It deep cleanses the pores and draws out the impurities, freshening up your skin, leaving it delightfully clear.
There are two types of Yeast Pac, pink sachets for normal skins and blue for problem skins.
Also in 6-treatment economy tubes. Look out, too, for Yeast Pac Cleansing Lotion.
It's the yeast in Yeast Pac that makes it different.

Yeast Pac

A90

告大肆宣传酵母是"自然的神奇工人"——这假定自然中充满奇迹,而这些奇迹都是"天然的":奇迹和自然之间不会产生矛盾并干扰转换的形象。酵母的重点是它转变的是已经存在的东西,可以**自然而然地**重塑自然。所以你的皮肤通过神奇的方式重获新生,但是同时,由于魔法的决定性,它一直潜在性地存在着,而新皮肤仍然"自然",因为所使用的魔法是自然的魔法,并且具有固定的结果。自然与奇迹的结合自相矛盾,但正如广告中的大多数悖论一样,它的成功在于看上去必然发生。膨胀的面包和冒泡的香槟的确定性保证了这一点。特定原因和特定结果之间的关系是颜色:"粉色小袋适用于普通皮肤,蓝色小袋适用于问题皮肤"。这就是产生效果的公式和咒语;魔法以其形式担保结果的产生。它涉及了**转变**和交换:但这种交换完全处于既定的限制之中,说明交换发生于一切广告的意义里。

A91：这里又出现了"一本万利"的转化。一滴魔幻药剂会产生奇迹：它"是你锅中菜肴通向**完美**的最后一步"。完美只能通过魔幻手段获得。另一个重点是，这里，如同同类的许多其他广告一样，产品具备**点石成金**的特性。

A91

李派林(Lea and Perrins)①、奥秀(Oxo)②等都是如此，它们是点石成金的魔法石，转化了炖菜中的一切。同理，你的皮肤与被酵母转化的面包和香槟一样，都被点金术转化了。李派林"激发出一切其他完美风味"，并且会"提升烧烤、馅饼和炖菜"的口味。影响其他物品转化的催化剂也是这个过程的一部分，虽然只被结果感知；就像魔法石不是黄金，却可以将其他东西变成黄金。所以在此我们不再像最初般封存结果（神奇土豆泥），而转为封存过程本身。没人想吃一道只有李派林调味汁**味道**的炖菜。调味汁代表了一种变化，"一小步完美"，换句话说就是改良：代表的是整个改善过程，而非结果。

A92：产品宣称的不是可以转化整道炖菜，而是转化整个生活，让一个人变成另一人。"珍去哪儿了？"她被牢牢地圈禁在插图里的过去中。她的那张照片像是压缩胶囊，激增成了放大的、无限制

A92

---

① 李派林：英国辣酱油的发明者，同时是其最著名的生产商。——译者注
② 奥秀：块状调味料品牌。——译者注

　　　　　　　　解码广告：广告的意识形态与含义

的照片:两者相互包含,尽管它们如此不同。在"缩影"插图中,"珍"看上去正在梦想未来如下图中新的自己:她就是变成"大量"的"小":"更大的眼睛,更闪亮的笑容——我的一切都不同了,变得更有活力、更加振奋人心。"我们注意到是魔法让她活过来,或者"活得更好",就像酵母包让你的皮肤"焕发新生"。魔幻弥补了了无生趣、毫无活力。珍的"小图"成了"又酷又美丽的金发"大图;所以是小图引出了大图。但在空间上小图被**包括**在大图之内;而它正好摆放在"新"珍的头上——就像漫画中的"想法"一般出现在思考者的头上。所以平凡的珍实现了梦想,她自己,或者说曾经的她自己现在不过是新世界中的一场梦。插图里的她还是棕发,视线**离开我们**看向画框之外:我们不需要变得和她一样,她只是在做梦。金发的珍直直看向我们,仿佛在瞥向镜子,面朝插图中的相反方向。

这是灰姑娘综合征[①],一种个人转变的魔幻。然而,到目前为止,我只提到了广告中的两个"真":实际上还有另一张脸,也就是新的珍的蓝图——印在希尔顿包装上的这张,或者说这半张金发的脸。新的珍看上去更像包装上的脸,而不像她没染发之前的样子。魔幻药剂再次促成了转化,将你代入其中,让你获得它的特质。所以包装把新的珍装了进去:左下角和右上角的图交换来产生右下的主图,因为两张插图的中轴在此相交。

广告中的文字明显与第二章中拉康的"镜像阶段"的观点相关。"我下次看镜子时,一个清爽、优雅的金发美人向我看来……我想,'珍去哪儿了?'……'这个又酷又美丽的金发姑娘真的是我吗?'然后我发现……"此处还有一项魔幻元素:"魔镜魔镜告诉我,谁是最漂亮的人?"(我想在此情境下"漂亮"应该用作字面意义。)这同样指向了《爱丽丝梦游仙境》(*Through the Looking Glass*)。

---

① 灰姑娘综合征:指畏惧自我独立,潜意识里强制性地认为自己需要别人来照顾。——译者注

广告最后一层魔幻是**文字**的重要性，也就是产品名称。"我选择希尔顿是因为我认识这个名字。"她知道该说什么，也就是产生结果的咒语。她不是因为**了解**希尔顿才选择：她只是觉得"这种泡沫护发素听上去不错"——她是被单词的神秘**发音**吸引来的。

(b) 咒语

在见识到商品是如何被放在行为和结果之间，或者说欲望和结果之中，并用其自身涵盖了整个转换过程时，我们可以继续研究语言是如何被放在这个位置上的：语言封装了整个过程并侵蚀生产的时空。

A93：这则广告运用了咒语的经典公式：特殊的金色液体、预备好的容器、一系列仪式动作以及消费行为——这些都受到有序排列的文字的影响。按固定顺序举行我们所描述的这些"仪式"可以制造出爱的奇迹。整个过程听上去像在施行法术或者咒语。即便普通的单词都具有了魔力："然后我说，'把杯子拿到嘴边，稍微倾斜然后吞下倒出的东西。'（我一般称之为'饮用'。）"日常动作和文字被转化了，不再属于我们的

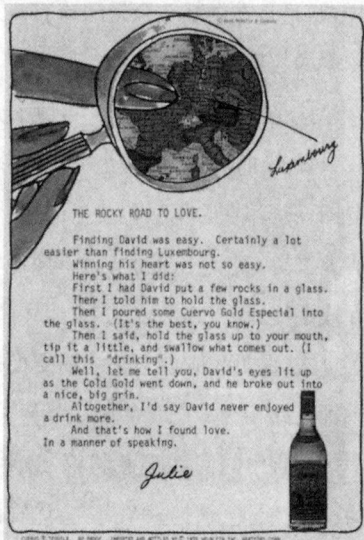

A93

认知领域，而是被放入神秘顺序的结构中，从而得到了非同一般的"含义"和力量。显然此处的魔幻元素在一些层面上并不需要严肃对待；但生产爱情这个观点，尽管并没有明确来源于魔幻还是来源于饮料，仍然是魔幻的——它为一个特殊的行为和符咒提供了戏剧性的效果。

　　　　　　　　　　　　　　　解码广告：广告的意识形态与含义

A94：强调咒语对有商标名称可以映射的广告商来说非常方便，因为**念咒**（*incantation*），也就是念咒语这个概念正好暗合购买中说出产品名称这一行为。此处"邓禄普（Dunlop）防滑轮胎"成为神秘的词语：这是在面对危险时带来安全的符咒。这几乎是祷告：但可以带来有保障的结果。词语脱口而出时我们就参与了汽车安全的创造：除了为说出"邓禄普防滑轮胎"感到高兴之外，没什

A94

么别的事好做。我们必须依靠一种超越我们的更大力量来协助我们：而这种力量的制造者们由此获得了近乎超自然的地位。但我们又感觉自己像是生产者：我们**说出**"邓禄普防滑轮胎"，就可以让雨天变得安全。这掩盖了制造了轮胎并且**实际上**创造出其安全性的是其他人：我们**再**生产出他们的生产力量。

此处文字的指称对象成为其**效果**："邓禄普防滑轮胎"代表了安全，并且被拿来**生产**安全：详见第一章中描述的"产品作为发生器"的过程。指称对象和符号以行动为中心相互联系。符号会生产并且保障指称对象：它们在一起**发挥**作用。广告将从我们身上夺走的主动性拿去给**符号**和**象征**使用。

这里我们又看到一张插图：在方框中放大的具有代表性的缩影，也正是全图其他部分的**关键**。它展现了整句咒语和大插图的秘密：它放大了独一无二的防滑轮胎本身，微小细节产生出伟大的结果。

重点是它们的生产靠的是你、文字和符号本身。这甚至可以看作一种文字的仪式性转换，天气预报说"下雨"，而你会庆幸你说过"防滑轮胎"：预报中的"**下雨**"代替了真正的**雨水**。广告说的不是"下雨的时

候你会庆幸"……但涉及一系列决定性文字,一种显然由文字创造出的现象:天气预报中的雨引发了广告中的雨,而我们"邓禄普防滑轮胎"一词创造出雨中的安全环境。

A95:A94 中所说的大部分内容都适用于这则广告。你"说出施格兰(Seagrams)就能确认":广告甚至没告诉我们要确认的东西是什么——只是假定我们可以得到施格兰,而不是其他品牌,所以这句咒语实际上是同义反复。这是一个关于关联的例子,如同标题中所说的,"想要享受人生,只需要将一盎司半施格兰皇冠 7 号浇在冰上……"而图中的女孩似乎正在这么做,但她不是将施格兰浇在冰上,而是往**男人**头上浇水。

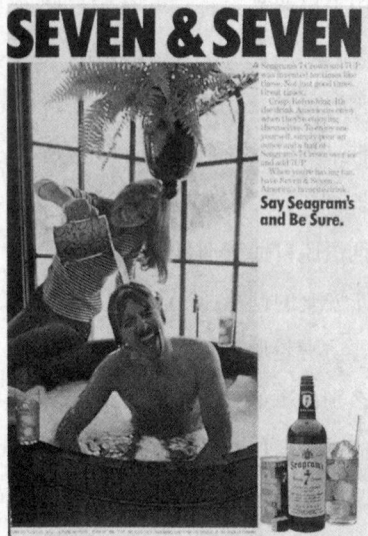

A95

这个类比某种程度上解释了他非同寻常的浴桶代表着用来喝施格兰酒的平底玻璃杯。如果他不是代表冰块,洗澡这件事本身就会看上去很奇怪。所以这张插图表现了一种咒语,它遵照广告字面部分的文字和提示,同时释放了魔法:施格兰威士忌带来的**乐趣**通过正确的仪式清晰地释放了出来。

对指称对象、效果和符号的融合在前一章的 A53 中已经分析过,那则广告中,文字神奇地出现在了金色包装上。指称对象变成了符号的产物,与符号同时出现。在 A53 的画面中有一盏冒烟的神灯,与阿拉丁神灯一模一样,而东方珠宝增添了"阿拉伯夜晚"的风情。这介绍了魔幻的另一项特点:

解码广告:广告的意识形态与含义

(c) 灯神和瓶中世界

　　"胶囊化"主题可以进一步用魔幻容器盛放人物或空间。

A96

　　A96：广告中的白兰地酒杯里有一个人，这是灯神概念的扩展。玻璃杯是周围世界的完美缩影，而玻璃上的人物还拿了**另一个酒杯**；所以白兰地是其本质的缩影，并将之封存了起来，就像一切产品都可以被看作代表其广告中的本质或者神话。注意玻璃杯是怎样不仅给予我们通往世界和历史人物的优先通道，还仿佛放倒了一些刻着神秘象形文字的酒桶。广告因此运用了神秘的书写，充满魔幻意象和奇特的雕刻，通过产品向我们揭示一句隐藏在**其中**的魔咒，而我们无须向产品念咒。奇特的书写同样出现在玻璃瓶之外，然而，鉴于瓶子、玻璃、软木塞以及一些纸（因为我们读不到，所以是更隐秘的信息）都放在一个酒桶**上**，而酒桶上有奇特的刮痕符号，就像玻璃杯中图上的酒桶一样。玻璃杯"中"的人和酒桶可以"解释"为它们是玻璃上的**倒影**：但这必然意味着人物站在观众的位置上，而**观众**不属于18世纪。所以要么是观者神奇地穿上了18世纪的行头，带着他（可能是走私来的）白兰地酒桶，因此得到了完美的正常倒影，**或者**，这则广告的观者相当普通，而神奇的倒影展示的是一个不再身处另一个历史空间的人。

　　同样，广告的这一方面也涉及了本书多处所讨论的观点：产品反映/创造的能力、镜像形象（mirror-image）、捕获时间（参见下一章）等。

魔幻的重要性在于它作为指称对象时，为任何不寻常或难以解释的转化生产提供了遮掩。

A97：我们受邀到"新地方"——翰格兰度假。在这里，瓶子不仅实现了包含效果——世界在瓶中——还有魔毯的效果，因为翰格会带我们去新地方。"仅仅需要一大瓶醇厚的翰格酒……"而且"你不需要护照……你不需要行李……你不需要可怕的晕船药"。所以翰格（Haig）不仅能创造出翰格兰这个地方，还能不费力气地让你立刻到达。图中昏暗的夜色下很难辨清人物，但可以看到火堆，而人物绕着翰

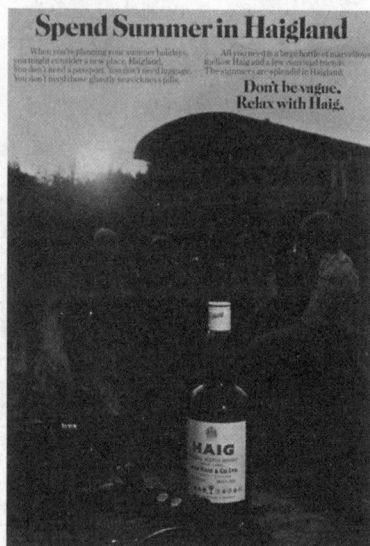

A97

格酒瓶围成半圆；尽管酒瓶在前人物在后，他们在字面意义上不算围绕着酒瓶，但显然从广告的空间性来讲他们围着酒瓶。这就像一个魔幻组合、一种仪式：喝翰格的人像女巫围绕着坩埚一样围着火堆。如同许多魔法神话、童话和传奇中所说的那样，某件物体是到达这个世界上不存在的神秘地点的工具。魔法由此联系到产品狂热上，产品被假设为可以创造光环和效果——传播这种观念就是广告的主要功能。

想法、感受、过去的时光（马爹利酒 Martell，A96）和未来的时光（Embassy，A99）、世界和人物都可以神奇地被囊括在物品当中。这让物品看上去更重要：社会过分强调和贪恋它们在物质层面代表着的许多无法捉摸的东西。生命和含义被联系到一些本身仿佛无用的物品上。当这发生在我们自身社会之外的所有团体中时，我们称之为狂热。回到本章开始的"黑魔法"广告："黑，魔法盒子"（逗号巧妙地

　　　　　　　　　　　　解码广告：广告的意识形态与含义

将产品名称转换为两个有意义的形容词)是让人爱恋的物品,它手握秘密,拥有与实际内容不成比例的神秘光环。它获得的力量让一盒巧克力这么简单的东西变得魔幻。所以盒子不仅可以装产品,还能自行**生产**。

A98:"兰博的世界"成为一个教派,这算不上夸张。兰博被一个像是祭坛的桌子分割包围,由此与我们分离,就像宗教意识中只有牧师和受戒者站在祭坛之后。

(当然,他们同样因为抽兰博牌香烟被区分开,因为兰博香烟因其"质量与格调**区别**于其他香烟"。)所以,如同列维-斯特劳斯对图腾制度的分析,区分东西或者产品实际上是在区分人。这则广告(尽管所用图片不同)之前也

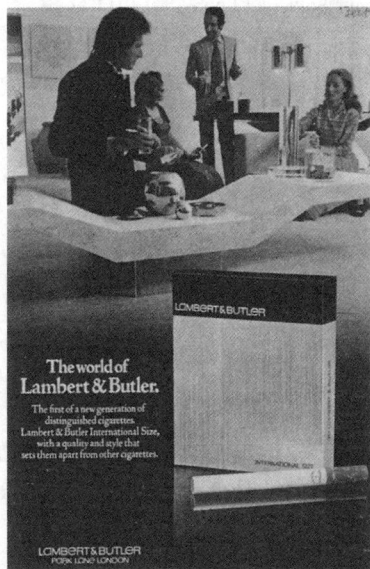

A98

提到过。然而,这张图片明确展现了广告中的魔幻元素。不仅祭坛/桌子让"兰博香烟教"远离我们,而且有些(用金子或者玻璃等神秘成分制成的)乍看来毫无用处的东西也放在"祭坛"上。在精英聚集在内室中传送饮用特定的酒水,点燃特定的香烟,如同焚香。房间及其布置以及香烟本身的狂热感令人惊叹,如果图中的人来自与我们不同的文化,我们无疑将之看作宗教狂热。

兰博祭坛上的神秘物件之一是个闪耀的球体,上面有模糊的反光和图案。这件东西在魔幻的神秘拼装中享有特殊地位:

(d) 水晶球/魔幻圈

A99：Embassy 香烟有一整系列类似的广告。它阐述了缩影的概念，也就是对世界的包围；然而，此处世界的形象不只是将一个世界压缩到另一个世界中。世界还包含**时间**：这些广告中的建筑极度现代化甚至涉及**未来主义**。水晶球用来预示未来：它是空间和时间的缩影，用空间环绕时间。讽刺的是标题是"**当今的卓越价值**"，因为图上所显示的今天已然是明天，所以 Embassy 面

A99

向未来，正如香烟竖着指向被包裹的光球的中心。

A100：这里我们有另一种表达并囊括时间的方法：魔幻圈。这里同样也有"只需几滴"，魔幻液体就能展现力量这句话。图中也有类似仪式的内容（参见 A97 酒瓶周围），人体和圆形容器上面有稍显奇怪的印记（罗马数字比阿拉伯数字看起来陌生）——这让"绕着钟点"（round the clock）这个表达在**身体上**成真，兼具书写法（见第三章）。我已经展示过书写法合并符号和指称对象的方

A100

解码广告：广告的意识形态与含义

式。这部分着眼于咒语的概念，文字召唤出其所代表的东西。一些人在**字面上**围绕着时钟；而圆圈和物理形象（通过图像）包围并捕获了时间这个非物质现实。

第七章　时间：叙事和历史

广告空间构建了主体，因此主体必须穿过广告表面以读懂符号。本章中我打算展现主体在时间线上的位置，不管是共时的、非时间性的位置，还是将主体错误地放在过去并且分享了过去的"历史"。

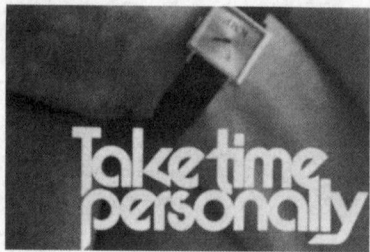

一张图代表的不止一个事件，而是一系列事件。我认为广告会唤起过去、许诺未来，或者讲一个同时包含过去**和**未来的故事。但需要重点认识到，在现实中，广告中的**一切**都是过去，因为图片是完成状态，而未来的事件虽然尚未开启，其**走向**已然明确（参见上文中的"阐释学"和"魔幻"的结果）。所以观者被放入一个**封闭**环境，一种必然被预先确定好的叙事顺序。这当然与观者的实际情况相悖，因为观者将经历一系列无序的、可更改的事件，以及完全开放的未来。开放的未来源于可变的现在，同时无可更改的现在对封闭的未来起了决定性的作用。所以封闭叙事具有明显的意识形态功能：例如 19 世纪的小说。

鉴于封闭叙事包含了引向它的事件（即魔幻中对情况的时间性颠倒，物体包含了来源于它的事件，产生颠倒的闭合），它必须具备共时性，将事件抽出时间之外，再放入永恒的时刻。也许这就是艾略特所说的"变化世界的静止点"（still point of the turning world）。但太过强调

解码广告：广告的意识形态与含义

（想象中的）"静止点"会模糊世界依旧变化这个事实，而世界的变化会让众多事件发生变化或者得以改变。

这种"永恒"的时刻可以被看作**定点**，在**空间**中固定存在，但不具备时间上的物质性。对接下来广告的讨论基本完全基于将时间放入空间，因为图片展示在结构上必然是空间化的。在研究广告之前，我们可以初步分析下面这幅画。这幅画与之后的广告相似，只是将特质表现得更加明显；这种特质在广告中的目的是制造"重现现实"的幻觉，但现实在早期艺术中并不存在。

这是一幅早期神话作品——《圣乔治屠龙》。

图中看似充满互不相关的内容。前景和后景之间有明显撕裂，而同样的人物跨越了前景和后景：马背上的圣乔治和红裙少女。奇特的物体和动物分散在前景四周。

你只有知道这个故事才能看懂这些物品：它们与时间轴上的一系列事件有关，而为了理解这些内容，你必须进入隐藏的结构，换句话说，就是神话。（每张图都在讲故事——如果你预先知道这则故事则大有裨益。）从神话中提取出的物体的摆放方式复述了这个故事。这幅图叙述圣乔治在前景中屠龙；他已经杀死了一些怪物（在画面的最前端）——这些内容代表了**过去的**事件，例如，他的长矛落在地上，而长矛的一部分刺入恶龙的身体。这部分内容属于故事的过去，而此刻少女被解救了。

在后景中，光斑落在远处的土地和尽头的城堡上。这代表着未来；这种手法出现在很多广告中。在后景部分，我们可以（根据西边尽头的夕阳）预见圣乔治会骑马奔向未来——被解救的少女重获自由，天使降临证明上天的认可。

这幅图用神话结构连接了过去和未来，使两者具有共时性——我认为这种共时性的意识形态常常歪曲历史，因为它可以将历史表现为（充满神话元素的）有结局的故事。所以从当今居高临下的视角来观察，这一切仿佛同时发生（某种意义上与"历史"分离；故事必须在当下之前迎来结局——就像校史大多"结束"于世纪之交）。图中的故事依靠连绵不绝的事件链或者完整的时间顺序将过去发生的事连接到未来：恶龙**已经**被长矛刺穿，而圣乔治**将要**骑马奔向远方的城堡。我们不可能在两个场景之间的连接线上找到任何一点，然后说"这是这张图发生的时刻；它所展现的是这一瞬间"。图中的时间是持续性的，而因为这些事件无法分割，所以它们相当于"永恒的"时间。因为一切都同时**出现**，所以事件具有必然性；这反映了神话的必然性，既定的开始引发既定的结局（如同魔法）。事情的发生和结束（杀死恶龙、解救少女）永远在同一张图中，无法改变。这种封闭在图中具有空间的深度，因为我们被"及时"地引入图像的后方，尽管这种图像不具备真正的时间性，但可以通过物质构建和观者的旁观获得时间性。

广告中时间的"持续性"和绘画中一样是共时的，只要延长强调某个时刻就可以明显打破这种共时性：这是消费前的时刻，处在过去和未来的中间。但在时间中，这个位置并不是真正的"现在"，因为这是广告中展现的时间，而正因为它平衡了既定的过去和既定的未来，它并不像我们生活的当下那样"开放"。它的可能性是"封闭"的。

我们有必要认真研究圣乔治图像的工作方式，因为其基本结构在广告中多次出现。我们不再单纯地把同一个人物展现两次；人物形象常常干脆消失，因为我们需要用自己替代他的位置。然而，注意前景中的物体，它们被描述为能够带来后景中极乐净土般的未来，并且需要注意表明这块区域的特殊光线。在画作中，无疑前景代表现在，而远处的土地代表未来——因为我们看到圣乔治向那里纵马而去。在广告中这种信号消失了，但用空间结构构建时间的基本方式相同。

广告有三种方式将主体构建在历史之外：例如 A101 将过去与未来表现为同一时间。广告中没有真正的现在。你要么被推往过去，要么被推往未来。乐在当下是不可能的，因为现实中的你正在看广告，你期待的享受尚未实现。这奇妙地导致有时你会不由自主地感到"只要简单地看着就能完美地完成消费"[①]；至此我们与当下愈发疏远，只需要**看**就能获取与得到产品相等的感官享受。所以我们自身的存在，也就是我们唯一拥有的时间被剥夺了。有时我们拥有的时间会被广告中的错误存在替代，使广告中的内容成为我们**真正的**未来；即"我马上就要去吃/喝 X"（而不是"我正在看 X 的广告"）。我们同样会不由自主地参考错误的未来（实际上从对 X 的预期 a 到对 X 的享受 b 距离我们两步之遥）将自己放置在这种错误的境况中，直到我们真的买了产品。广告中欲望的时间和消费的时间之间有一种虚幻的平衡；它们如同圣乔治故事中的元素一样无可避免地连接在一起。

当广告讲"故事"时（这适用于前几节中的许多广告），我们被迫同时来破译它，即同时理解一系列事件。所以时间成为"存在"（being）而非物质现实（material existence）：这种同时性必须存在于真实的时间之外，因为只要我们站在广告前、存在于真实的时间中，我们就可以获得所有时间。我们撤出现实以便进入广告的抽象时间。当然许多艺术形式都会表现超越现实的时间，广告的特殊之处在于它将我们构造在错误的时间中，以此来取代我们自己的时间。真正的历史被否定了，因为历史要么被压缩为共时存在，要么被挪用到记忆或映射中。记忆和预期成为我们脱离现实时间的唯一路径，但记忆和预期没有任何实质内容，而且完全被广告吸收用于构建主体：过去和未来故意被表现得极尽模糊，以使我们将**自己**放置其中。矛盾的是，广告挪用我们真正的过去和历史来植入**产品**，或者用单一主体来替代过去和历史——如同在本章最后一部分所见。但首先我将展示主体是如何在时间中被捕获的，

---

① Barthes, *Mythologie*, Paladin, 1973, p79.

以及主体中的时间。

渴望夺得更多时间是人的本能。广告可以抓住这点大书特书,因为实体商品一直被视为对抗时光流逝和世事变迁的手段。与做事和听声音等行为不同,广告带来了空间上的延续性:看见并且拥有看见的东西相对来说是更稳定的行为。

当然,时间不可能被拥有;它对我们所有人来说稀松平常,又不可分割。我们意识中极致的空间性误导我们认为可以通过物质存在将时间分割并私有化。

A101:这个房间就像博物馆,里面塞满了各种东西。凑近观察会发现这些东西代表着不同时代。其中包括:艺术装饰风格(Art Deco)①的壁灯和奇特的艺术装饰风格时钟挂在摄政风格(Regency)②的镜子上方。壁炉台、壁炉以及房间的形状都是摄政风格的。两张桌子上分别放有两盏新艺术运动(Art Nouveau)③风格的灯,还有一盏新艺术风格的落地灯。此外还有暗示早期西

A101

方文明尤其是罗马文明的古典主义胸像,还有东方地毯和花盆,暗示着早期东方文化。高百合花瓶属前拉斐尔派。在一棵奇怪的树后藏着一

---

① 艺术装饰风格:20 世纪 20—30 年代主要的流行风格,它生动地体现了这一时期巴黎的豪华与奢侈。——译者注

② 摄政风格:盛行于威尔士亲王乔治摄政时期(1811—1830 年)。受法兰西帝国风格的影响,广泛使用外来的深色木料和饰面。——译者注

③ 新艺术运动是 19 世纪末 20 世纪初产生于欧美的"装饰艺术"形式主义运动。——译者注

幅破旧的仿佛名作的画。钢琴上的谱子出自《顽皮的 90 年代》
("Naughty Nineties")①,而摄政风格的窗户上糖果条纹的雨棚加强了
这个元素。表面漆成蓝色的钢琴是 20 世纪 60 年代的风格,而玻璃台
面的桌子同样是 60—70 年代的产物,它是这间屋子中最时尚的家具。

这些东西放在一起让我想到艾略特在《荒原》(*The Wasteland*)中
的折中主义——"这些片段我用来支撑我的断垣残壁"②。这个房间中
收藏着几乎过去所有时代的代表物,就好像在抗衡某种可怕的毁灭力
量——这听上去发人深省。这种毁灭力量显然就是时间。但一切物品
都与产品相关:因为这些都是用 Vymura 漆出来的:"照片中的一切都
闪耀着 Vymura 的光辉——墙壁、天花板、地板、暖气片,甚至钢琴。"产
品提供了共时性,将分散在各个时代的家具连接到"故事"中;而"故事"
就是"我们可以漆任何东西……"而这暗示了负责刷漆的**主体**。你同样
可以将这种"遍布的光辉"(All Over Gloss)覆盖到任何东西上;而这预
示着这些家具所存在过的事件和时代"都过去了"(all over),因为物品
本身被涂上了辉煌的"结束"。时间的裂缝——变化、瓦解,甚至单单历
史进程本身(即一个时代紧接着另一个时代)都被填塞了灰泥,而屋中
不同历史时期的不同物件都被涂上了同样的油漆。由此造成的同步必
然来自想象;这些事物放在这里是因为它们具备符号功能,代表了各种
历史阶段。但一旦过去被表现为这些物品,它们就融入了想象中的反
时间,这一方面将它们联系在一起,另一方面为主体提供了刷漆和通过
产品加入这些物件的机会。

这个例子展现的是主体如何**通过**产品和对自身的构建获得共时性
时间;因为广告暗示/创造了一个主体,因为刷油漆的是"我们"——一
个可以容纳我们的开放代词。对"自我"的构建基于记忆和预期,两者
都将主体排除到历史之外;而在上一个例子中主体用油漆掩盖摆件的

---

① 出自电影《顽皮的 90 年代》,指 18 世纪 90 年代。——译者注
② 本句原文为:"These fragments have I shored against my ruins"。译文选自赵
萝蕤译本。——译者注

区别,以此来将历史排除到他自身和他的房间之外。记忆是广告创建主体性的主要工具,它假定了一个有记忆的主体,而历史的观念不需要主体。广告运用了相似的错位(其中一些由于涉及缺席,在第三章中已经进行过分析),从空间上引入了一种内在化的"未来"。想要让将来的事件发生,就必须先假设一个主体。我们将看到观者是怎样被吸入对过去的记忆和对未来的欲望中的。

New Vymura Colour Gloss changed all that.

(a) 过去的时间:记忆

"……最初我只有最原始的存在感,可能一切生灵在冥冥中都萌动过这种感觉;我比穴居时代的人类更无牵挂。可是,随后,记忆像从天而降的救星,把我从虚空中解救出来:起先我还没有想起自己身处何方,只忆及自己以前住过的地方,或是我可能在什么地方;如没有记忆助我一臂之力,我独自万万不能从冥冥中脱身;在一秒钟之间,我飞越过人类文明的十几个世纪。在煤油灯的模糊光线下,我看见翻领衬衫隐约的轮廓,它们逐渐一笔一画地勾勒出我的自我。"[①]

"'我还记得过去的夏天。从安静的白天过渡到平和的夜晚。在绿草地上野餐。儿童嬉戏声远远传来,在高高的树上缭绕,又逐渐沉积在蓝色的水中。'夏天的倒影。用卡夫(Kraft)重获这些美好瞬间。"[②]

普鲁斯特告诉我们记忆创造意识的方式是在周遭嘈杂的环境中拼

---

① Proust, *À la Recherche du Temps Perdu*.
② 卡夫花生酱广告语。

凑出一个"连贯的自我"。广告很大程度上依赖于记忆的工作方式；鉴于广告无法唤起观者真实的、个人的过去，亦即构建性格的过去，所以需要记忆唤起过去的光环，或者共同的未定义的过去。这种过去在实质上被视为通向现实、创造现实，因此有趣的是，它本身并不是"错位"。然而，饮料或者香水之类产品的广告将现实看作一种回到过去的方式。在想象中，过去和现在通过记忆融汇到一起：在第二章中，"想象界"被描述为分离连接物体的领域。而在"记忆"类广告中还有另一种"想象"的融入，我们的过去和对过去的记忆混入了别人的记忆（或者不属于任何人的记忆，因为图中的"过去"完全是构造出来的）。我们看到的是一张朦胧、怀旧的照片，并被告知要像记住我们的过去一样记住它，同时还要通过购买/消费产品来将其构建出来。

　　广告中的怀旧感通常是照片式的。在包括下面例子的许多广告中，过去藏在脏污模糊的照片风格中——很多电视广告同样如此。这种模糊不清的特质吸引我们进入广告，因为只有含混不明才能让我们认同它，照片标示的是不确定的地点，我们因此在照片中获得一席之地。

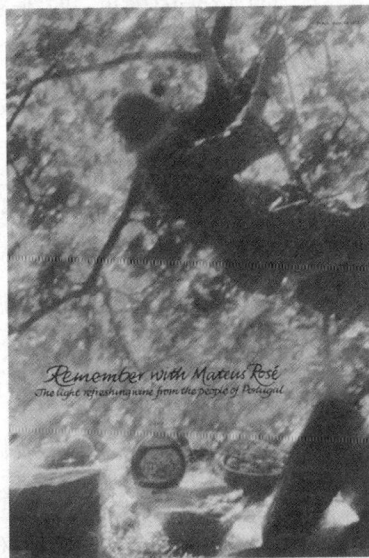

A102："玛德露桃红葡萄酒"（Mateus Rose）系列中的广告照片要么像右图一样模糊，要么像现在的系列一样曝光过度　但过度曝光和这张广告中的模糊效果作用相同。（新系列同样包括远方的草坪；见下述讨论。）在广告中，人们穿着老式服装。这两种手段是为了唤起过去——记忆的阴霾，以及过去时代的风貌（尽管具体"时代"又一次被刻意模糊化

A102

了，无法在真实历史中找到）。

　　然而，我们能记得**什么**？照片中的过去不是**我们的**过去。你所记得的是被浪漫化、模糊化的广告中的"过去"场景——照片代表了一种记忆。但人物在照片中喝这种酒；所以他们正处在"与玛德露桃红葡萄酒一起回忆"的过程中。标题上的文字叮嘱我们"与玛德露桃红葡萄酒一起回忆"，但这句话在图中没有任何意义：到底是谁在回忆什么？

　　如果**我们**在回忆他们，**他们**又在回忆什么？当然，总的来说广告的重点是赋予怀旧一种普遍的光环，但认真研究后会发现这完全是荒谬的。

　　这种"荒谬"源于看广告的主体与广告中的人物没有时间上的区别。这是一种对时间的省略；它在假想的统一中被构建为一个**时刻**；**我**们随着记忆的轴心加入**他们**（图中喝酒的人），图片结合了过去（模糊的形象）和现在（玛德露桃红葡萄酒和回忆）。"回忆"一词提到的是一个未定义的人，一个知道黑色魔幻盒子的秘密的"人"。它的主体同时存在于照片之内和之外（参见镜像阶段）。

　　行动的冻结同样对单一的、假想的统一时间概念有所贡献，让我们得以同时领会过去和现在。这是时间的结晶，因为秋千上女孩的动作被固定下来了。这表示时间被有效地静止了，而标识"时间"的照片实际上不在时间之中。

　　在所有这类广告中，虚构时间的光环和文字含义之间同样存在过去和现在之间的缺口。上文的卡夫广告让我们重新获得"过去的夏日"——"用卡夫重获美好瞬间"。但正是这些（没有出现在图片中的）怀旧的角色在吃这张照片中的卡夫花生酱蛋糕（因为广告宣传的是卡夫花生酱）。此外，广告中还有包含卡夫花生酱的食谱，也就暗示着通过做蛋糕这个**未来发生的**行动，我们可以回到过去（在广告中表现为穿着老式衣服的人物在吃卡夫花生酱蛋糕），所以广告最终在"我们"的过去和"我们"的未来之间达到平衡，但绕开了眼下的现实。广告不能保证我们**一定**会做蛋糕，而显然广告中模糊的场景是**我们**过去的夏日：所

　　　　　　　　　　　　　　　解码广告：广告的意识形态与含义

以我们在想象的时间中出现在了错误的地方，在过去和未来之间往返，或者说从未来**回到**过去。同样，过去是被"卡夫重新捕获"的"美好**瞬间**"：时间由"瞬间"构成，这暗示了其他时刻的存在，也就是我在最后一章提到的"光耀时刻"（illuminating moments）。由于"瞬间"封装了时间的不同部分，时间的物质性散落成存在性的"瞬间"，抽离于时间**之外**。

A103：这则香水广告同样展现了过去和未来的混乱，未来对产品的使用会**创造**出回忆它的过去。香水声称能够帮你回忆："用'哈 特 内 尔'（Hartnell）的' in Love'①想起一个个**完美瞬间**"。（注意——又是**瞬间**！）但广告还暗示着这些等待我们回忆的完美瞬间是被同一款产品引发的："突 然 进 入 另 一 个 世 界，**另 一 种 时 间**"。这款香水让你进入魔法时间，但这个时间只是瞬间——根据定义，这是时间长河中静态、冻

The fragrant mist of love.

Suddenly it's another world, another time,
and a love more beautiful than you ever imagined.
Remember each perfect moment,
with "In Love" by Hartnell.

in Love by Hartnell

A103

结的晶体。所以我们看到广告邀请我们来回忆它们创造的过去；玛德露桃红葡萄酒和卡大创造了美丽的怀旧世界，我们可以通过使用同样的产品来获得回忆，而"in Love"以完全相同的方式创造了关于它本身的记忆。但记忆是主观的：它永远**属于**某个人。这些产品被神奇的路径引入"过去"，而基于产品，过去成了可以拥有的商品。然而，我们看似拥有产品，实际上却被产品所拥有，或者说产品创造了**我们**；过去引发现在，而我们的主观记忆就是给我们一个"买来的"的主观存在。时

---

① 意为"相爱"。——译者注

间被省略了,因为"in Love"创造了一段佳话,并且将这个瞬间封存为回忆。而我们与产生回忆的"主体"共情,因为我们对产品按部就班的使用让这个回忆属于我们和当下。

A104:这是在当下捕捉过去的另一种方式。"快到足以捕捉事情发生的瞬间。**微小瞬间创造神奇回忆**。"这种回忆非常神奇,因为我们可以通过产品获得它。"回忆"依然被看作**瞬间,是静止**而非变化的时间。"记忆由此构成":由产品构成,产品是禁锢时间的机制。

A104

以上所有广告都带有些许狂热色彩。它们所呈现的产品都能**创造过去**,相机广告尤其如此;按下快门,一个"瞬间"就成为了"记忆"。这是尝试在当下捕获过去;过往是固定的,而当下不是。它必须被阻止,即被捕捉并加工成一种不能流失的东西——换句话说,得被做成产品。时间是可以买卖的商品。这张相机广告是这种观念的极致体现,但它对当下持续性的加工和摧毁在所有广告中都有迹可循。广告否定的就是当下的真实性和可变性。

当下一旦变化,就成了未来。但广告必须表现出未来是由现在决定的,这就导致我们不能插手改变现状(如同圣乔治骑马奔向背景中的城堡)。我们被吸引并拖入未来,就好像未来早就等在那里,无须我们自己去创造。

(b) 计时未来:欲望

天堂里没有死亡的嬗变?

解码广告:广告的意识形态与含义

熟透的果子不会掉落？还是沉甸甸的树枝

一直挂在完美天空下，

永恒不变……

华莱士·斯蒂文斯

　　广告中的产品都处于尚未被消费的等待状态。广告的产品从来没有在广告中被完全消费；甚至当广告涉及人物时，他们也像希腊古瓮① 上的人物一样，被困在对享乐的期待中。我们被引导着去渴望与我们**将要享受**的东西进行想象中的统一，而这同样使我们的时间和广告中预计的未来时间在想象中融合。

　　A105：这个人永远差一点就能品尝点心。"以**老式的**悠闲步调"让过去作为指称对象，以此展现他的行为是预定好的——如果这与过去相连，那么就是早已决定的。但这种步调实际上太过悠闲，以至于他的行动完全停止了："自然而然，不紧不慢。"过去被展现为某种自然**缓慢**的时间，鉴于标题意指**未来**行动，这种**来自**过去的特质被预设进未来："坐下来好好品味。"

　　而在这则"怀旧"广告中我们

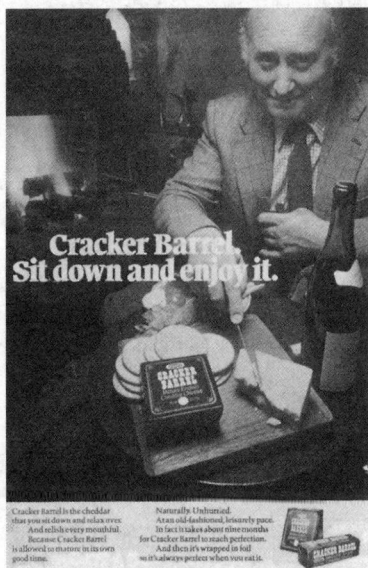

Cracker Barrel.
Sit down and enjoy it.

Cracker Barrel is the cheddar
that you sit down and relax over.
And relish every mouthful.
Because Cracker Barrel
is allowed to mature in its own
good time.

Naturally. Unhurried.
At an old-fashioned, leisurely pace.
In fact it takes about nine months
for Cracker Barrel to reach perfection.
And then it's wrapped in foil
so it's always perfect when you eat it.

A105

身份不明，因为坐在这里品尝点心的是**他**，但文字适用于我们。广告中没有真实可感知的消费，但也与真实仅仅一线相隔，所以我们与图中男人共享期待，我们确实有可能分享他的行动，去吃 Craker Barrel 奶酪。

---

　　① 指济慈《希腊古瓮颂》（"Ode to a Grecian Urn"）。——译者注

消费预期是我们能从广告获得的所有享受，这也是广告能实际带给我们的所有东西。我们不断看到食品饮料的特写，**就好像**我们即将消费它们——就像海报广告中的啤酒，只是简单地展示了一个向观者倾斜的巨大啤酒杯，仿佛马上就要被喝掉——但我们不能进入广告将它取走。所以错误的未来在我们眼前游荡，声称我们并不只是旁观者，以此将我们带入广告的魔幻时间中。

我需要回到《圣乔治屠龙》这幅画来阐述神话概念及其暗示未来的方法。用前景中的摆设和事件引入远处、不同光线、仿佛伊甸园般的未来区域，数不清的广告都运用了类似的结构。重复人物（即出现在两个地方的圣乔治）的提示丢失了，但被打开的窗户或台阶等符号取代。下面的广告全都是类似的模式。

A106：打开的窗户将前景中的现在连接到未来，它代表承诺，而远处的天光显现出这一点。前景中的物品是图中故事的虚拟结构中的一部分。板球和球门告诉我们**发生了**什么：他们本来在打板球，但突然下雨终止了比赛。屋中的照片和老教堂是过去的基石（这悬挂在"历史"的边缘，因为它代表一种文化上的共同"过去"）。这一切让我们意识到看向这一切的是个怎样的人（因为我

Everycloud has a golden lining.

A106

们被请来**做**这个人——参见第三章）。显而易见，这个情景下的故事在一张静态照片中展开。然而在另一个不甚清晰的尺度上，这还涉及投射：广告通过产品将神秘的现在（已经描述的"故事"）联系到神秘的未来上；喝酒/抽烟之后你就会被吸引到窗外（或者像在其他广告中那样

　　　　　　　　　　　解码广告：广告的意识形态与含义

走上楼梯）到达未来；但这个未来是由具有神秘结构的过去所构建的，就像圣乔治图像（古老的教堂、啤酒杯，等等）。

照片的视角有助于向神秘的未来进发：图片边缘的相框和打开窗子的窗框构成的视角指向板球场另一端的教堂，通过教堂尖塔延续到照片之外。所以实际上我们的视角浏览过当下，也就是无人的板球场、被雨打湿的窗户，已经（在想象中）栖息在更光明的未来。标题说："每片云都有金色的边"，暗示着现实状况都有预定好的"美好结局"——同样这个结局的出现时间和天气一样无法控制；你只能**等待**太阳再度出现，或者事情有所改善。

还有两则之前出现过的广告也可用于本章。

A13**（参见第 27 页）**：此处，台阶与窗户功能一样：将视线引入上方（稍显模糊的）绿色草坪，远处的神秘天堂，而你可以用贝莱尔（Belair）到达彼方。

A39**（参见第 85 页）**：这里的产品与 A106 中一样，但故事不尽相同。旅行者带着法国明信片、独特的帽子和眼镜、《泰晤士报》和烈酒，这都与在绿草地上喝啤酒的乡村贵族有所不同。这个故事发生在伊斯坦布尔——带有"东方快车"的阵阵回响：同样，这是个可以共享的"历史性"指称对象。尽管这里的关键物品（就像句中的关键词）讲的是与 A106 完全不同的故事，但它们的结构是一样的；前景（当下）中的物品和窗子将你引回照片，进入更光明的未来。列车就在此处，准备带你去离现在更远的地方，就像 A106 中的尖塔同样会将你引出到照片**之外**。

因此广告引导观者**穿越**照片。观者本该面对广告，但他受到前景物品摆放的影响，被包含在广告之内，所以他会感到他只要伸手就能够到广告中的东西；换句话说，**他的**现实与广告的故事产生了交换。但随之在广告中，在直通画面中心的视角的运动下，神秘的现在被向后抛到照片的**后方**（矛盾的是——时间一直被表现为**向前**运动的）。因此，在随之产生的"未来"部分有尖塔和火车,指向广告之外,由此使你穿过广告来到形而上的、非现实的"时间",而这不仅存在于广告**中**,而且**超越**了广告。显然这与第三章中的"阐释学"理念十分相似。然而将你带到时间之外的永远是魔毯似的产品:A106 和 A39 中的光束从天而降落在本海孜烟盒上,给它一个"更光明的未来",这与 Vymura 的光彩功能相同。

A107:这则广告中打开的篮子如同打开的窗户或者台阶,是开放、承诺和未来;有人逆水划船来到这里靠岸,而野餐即将开始。优雅的物品告诉了我们这些人的阶级。光线、小船、两个玻璃杯和盘子告诉我们这是个浪漫的场景。打开的篮子与香烟盒相互关联,打开这一者就意味着打开另一者。篮子打开了,摆出的食物等待消费;注意这些广告中都会出现(或者即将出现)喝饮料这种口腔消费,而在这则广告中则有

A107

饮料**和**食物。所以香烟产品会被消费这一点被我们编织进故事中。这是虚构故事的关键:**我们提供了故事的未来**。

但这个未来也有令人困惑的扭曲,因为它告诉**我们**,"下次出门,带点金色陪衬银色"——但照片中的人已经带了"**金色**"来陪衬银色:所以照片实际上代表着**我们的**未来,是"下次"(而非"这次")我们**会**带着本海孜香烟一起来。这更像伦敦机场免税店的广告:它说"你忘了,不是吗?"(也就是忘了买免税酒),但在"你"和"忘了"之间有一个添加符号,上面写着"差点"。所以,当你可能(因为没看到广告而)**确实**忘了的过

　　　　　　　　解码广告:广告的意识形态与含义

去,被转变或者融合成了想象中的**未来**时间,也就是你**不会**忘记(尽管你差点忘了)。这个广告有两种解读——在过去意义上和在未来对现在的**改善**上,这两种解读被句子微妙地省略了。

这一节中的照片用不同方式定格了时间——例如 A104 的相机广告。相机让我们"停止"时间;但这与之前圣乔治图像的**叙事**功能相同,都是将线性发展的故事中的元素表现为共时存在。同样,"怀旧"广告讲的都是过去的事情,"未经消费"的广告讲的是尚未发生的事。但是,更为复杂的广告连接了一系列包含过去和未来的时间。在圣乔治的故事中,旁观者必须参与其中,理解符号和结构,才能将故事连贯起来。想要看懂广告,我们必须了解板球或者伊斯坦布尔,还要知道会看《泰晤士报》的是哪类人。故事不会**给出**所有需要**用到**的信息。

尽管理论上消费必须出现在获得预期效果之前,但由于这些叙事的时间性都已垮塌,所以它们的封闭性符合消费的观点。然而,这些广告代表故事的高潮产生于广告之前。构成广告的元素具有完整性;它们已经由故事决定,而非自己创作故事。这些叙事都暗示着封闭,不仅直截了当地讲述已经发生的事件,还以本体论阐释即将发生的事情,这导致时间静止,将现在拖入了永久的封闭,在未来永存,但永恒被封存并被定为过去。这种叙事暗示着我们必须进行破译和构建,所以我们同时成了叙述者和行动方。

(c) 历史

上文中的本海孜广告在再现历史的边缘摇摇欲坠,因为它们确实指向了主体之外的时间。然而这种图像化的过去(东方快车、老教堂)仍然无法脱离主观意识,只有加入个体的故事才能产生含义。真实事件或者与真实事件相关的物品像其他指称系统一样被挖空,只留下主体的内在:一个没有外壳的内容。在接下来的广告中,我们将看到广告挪用历史本身,并否定其原本内容。"记忆"广告让我们在想象中联系到过去的**个人**时间;这些广告在假想中设定主体和历史有联系(这种历史中的错位在之前的广告中多有出现,因为这些广告将不属于我们自己的时间赋予我们,而我们的时间在历史中**只有现在**),而用产品的虚构故事信息取代历史信息。这说明意识形态只在一定程度上吸纳**真相**;它不会完全造假,但会将现实作为原料,歪曲了我们与之的关系。

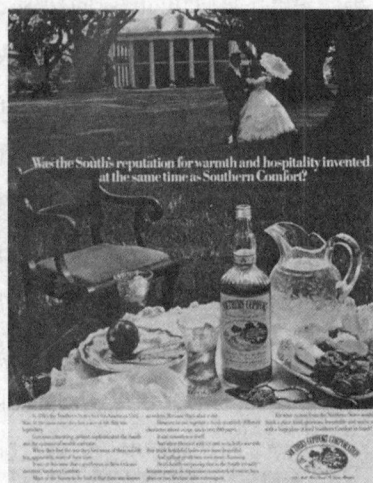

A108　　　　　　　　　　　　　　　　　　　　　　　　**A109**

　　A108 及 A109:此处我们将从"事实"出发——"美国南方于 1865 年输掉了南北战争……";我们知道这里说的是"真实历史"。但历史很快被吸纳进了神话,产品被填补进历史事件的空壳,占据了其"**内部**"空间。由此历史中的文化现象:"南方热情好客的名声"只能移交给产品:"北方来客怎会想到这里的人只要拿着一杯金馥力娇酒(Southern Comfort),就会如此热情友善、慷慨好客?"一则社会神话由此被归因于广告中的商品,用上了现成的神话,吸收了"南方"的概念和其过往。

　　A109 对历史的曲解更加明显,南北战争广告中暗示的内容在这里被明确表达出来了。同样,开头的日期表明了"真实性"。"1920 年,美国政府……禁止比咖啡更烈的饮料。"然后广告告诉我们蓝调音乐诞生了,并认为其原因是缺少金馥力娇酒:"他们为喝不到金馥力娇酒发愁。"(这想必是在开玩笑,因为本质上"事实"就是错的;蓝调的出现在

　　　　　　　　　　　解码广告:广告的意识形态与含义

各种意义上都早于 1920 年。)所以文化运动失去了真正的含义（对于蓝调来说是刻意与压抑的社会为敌），这种含义被产品全部拿走。这正是我所说的一切意识形态误导的根本用途：对现实不加描述或解释。广告用这种方式**指向**现实，使现实意味着它本身之外的东西；现实示意着它之外的东西（在广告中，示意着产品），因此被挖空成为只保留关系而没有内容的外壳。在这些金馥力娇酒广告中，完整的历史系统任由广告摆布，因为广告中有（存疑的）日期和事实——其中关系（禁酒/蓝调起源；战争结束/开始好客）被挪用，但其本身**含义**被与金馥力娇酒相关的含义所取代；产品成为系统中的**内容**，而系统本身的实质内容被排除在外。

广告可以用历史做到这些证明了广告的自我修补能力是多么强大——广告会运用任何材料，不论材料的内容本身对其手段和目的多么不友好。这将在最终章进行讨论。然而重要的是观者从来没有从上文所述的过程中抽身：他（她）实际上是曲解的顶点。这个过程否定了他（她）的历史地位，同时又将其塑造为历史自我填充发生时的主体。

被当作指称对象的历史必须意指某物（金馥力娇酒）或者某人（见A110）在历史中的位置，因为某物/某人必须取代历史的真实内容。下一个例子说的是如何在单一个体中实现历史的主观化表现。

A110

A110：图中的历史过去表现为一辆老式汽车。这表现了历史（文化）的陈词滥调："女人开不好车。"但提到过去是为了将之打破——"我们早已进步了很多"——而将汽车和飞机（图上女人穿着飞行制服)被发明后的整个历史发展与女士香烟这个产品相结合,并被缩影到女人自己身上;她衣服的颜色与"历史"图片中一样,同样也是香烟包装的颜色。历史场景在一个女人身上趋于闭合,她是用来代表社会和科技变化的**主体**。但这种变化的历史性被夺走了;它只表达了女人因为开始抽"维珍妮牌女士香烟"(Virginia Slims),所以拥有了"主导权"。标题上"我们终于有了自己的烟"是典型的主体化和**挪用过去**——它与香烟一起被**"称作我们自己的"**过去。第一章中就说过色彩的一致性说明一件东西/一个人在视觉上代表另一样东西。图中女飞行员被用来代表她结束了这段已经**消逝**的过往时光。

因此"历史"可以被制造成指称对象运用在广告中,就像"自然""魔幻"以及其他数不清的社会现象。《星期日时报》(*Sunday Times*)的一张海报广告故意用了一张"过时的"50年代图画,上面男孩和女孩问他们的父亲:"爸爸,**你周日的时间里干了什么?**"这影射着"爸爸,你在战争里干了什么"[1]这句陈词滥调,而用这种过时风格代表战后时代加剧了"历史"效果。不过显然,广告与50年代毫无关系,更无关战争;它只是让这些意象成为形式来把"周日时间"填充进去。最近还有一系列电视广告通过表现愉快的酒吧文化(jolly pub life)场景来怀念过去——这同样意指共同的过去,但这个过去只是为了将含义和光环带给啤酒。广告实际上根本没有创造概念或含义,只是将所有含义从有现实**背景**和**内容**的物品与事件中**移走**,让产品来填补随之产生的空缺。

---

① 出自1916年英国一战招兵广告文案。——译者注

第八章　结　论

　　资本主义可以变成毒品，而且它立刻开始不断享受其中
唾手可得的毒素。

　　　　　　布莱希特《布莱希特论戏剧》(*Brecht On Theatre*)

　　广告(意识形态)可以兼并任何内容，甚至重新吸收批判，因为广告
能够运用内容空洞的批评。整个广告系统是绝好的修复仓：不管实质
内容是什么，它都可以毫发无伤地在广告法规和对其基本功能的批评
之间来回反弹，因为它的工作就是将过往含义从结构上挖走：我在本书
第二部分中描述过这个过程。不管你多想讨论广告"中"的内容，你最
终会回到讨论能指，也就是讨论广告中符号的结构上，因为符号应该或
者说实际指向的东西被完全抹杀，而符号被用来回指广告自身和其售
卖的产品。在第一部分，我列出了广告工作的理论：通过交换符号，让
被交换的主体相互攀援；但"活跃主体"的参与掩盖了这个过程。假定
本书第一部分讲了广告**如何**传输信息，那么第二部分就是试图理解这
些信息是什么，"内容"是什么，以及第一章中提到的符号**所指**在哪里。
但是把生活中的"真实"领域(自然、历史)当作广告的"内容"来研究之
后，我们发现这些领域非但没有在广告"中"表达其原本含义，反而被简
单地去除了实质内容和历史背景后再次利用。所以蘑菇的构成和"含
义"都成了罐装汤；巨石阵由一盒本海孜香烟撑起来，在字面上将之嵌
入了历史；而"蓝调"来自并"意味着"金馥力娇酒的短缺。金馥力娇酒

广告全面展现了这种将形式和所指歪曲为能指的行为之荒诞。尽管故事说"历史上"**缺少**金馥力娇酒引发了蓝调的萌芽，所以两者之间消极的逻辑关系是蓝调意味着"**不是或没有**金馥力娇酒"，其结果却让蓝调（现在极受欢迎的音乐）和金馥力娇酒在积极的意义上得以并列；这样一来，新奥尔良蓝调音乐的"风格"和光环落在了这款威士忌上。这说明广告的**结构至上理念**使其可以具备任何意义，它的作用是激发内容之间潜在的互换性，例如蓝调/没有金馥力娇酒和蓝调/金馥力娇酒。

产生意义的正是这种关联的结构：元素之间的实际关系可以在不摧毁作为两者联系的基本意义的情况下被调转。这同样展现在"聪明人不看电视"的 A44 中：有联系的是（聪明的）人以及（因此变聪明的）电视——哪怕他们**没有**在看电视。这些例子证明广告中标明含义的是结构，而非有现实"意义"的事物。通过对事物进行布局，事物自身的意义被**转移**给别的事物。第一章中阐述了广告中交换这一概念是如何进入被挖空原本含义的"指称系统"中的：含义的转换必然代表着物品（或人物）将在这个过程中失去其本身含义。这就是我所说的"将所指变为能指"。

我用 A111 作为例子最后一次说明这种做法，尽管 A111 运用的特殊指称系统属于第七章的内容，但其方法清晰展现了挪用和挖空"真实"系统的一切手段：

A111：我们被告知，所有好顺啤酒（Holsten）的瓶子上都有黑骑士（Black Knight）的图片。而这张广告实际上明确告诉我们这毫无实质意义："没人确切知道这是谁，但他一直以来就是汉堡好顺酿酒厂的标志。"**没人确切知道这是谁**——我们完全不知道这个

A111

　　　　　　　　　　　　解码广告：广告的意识形态与含义

"历史"角色是否存在,尽管实际上他强烈的"历史性"存在预示着啤酒的品质,并使之成为"德国的**老牌**(*historic*)啤酒"。所以历史被完全神秘化了:我们根本不了解这个"符号",但我们知道它代表了啤酒,而我们对啤酒的唯一认知来自"寻找标签上的黑骑士"。行动紧随符号,而历史被暗示为不可知却又"显而易见"的:"剩下的是历史"暗示了这无法付诸文字,但坚定不移的客观存在。所以空洞的符号被用来同时表示历史和啤酒:两者的结合让啤酒成为"**老牌啤酒**"。明显被排除到历史之外的物质基础被啤酒取代:指称系统或许空洞,但啤酒具有"**饱满独特的味道**"。历史失去的东西回到了啤酒的味道中。这正体现了指称系统的损失总会由产品来弥补:历史被贬低到"传统"层面上("传统"愉悦地向我们解释道,黑骑士是阿道夫公爵三世),也就是说重要的不是"真实"而是"愉悦"(因为这与产品的神秘来源相呼应)——缺乏真实内容不是问题,因为产品移植其上而整个神话得以存续;所以表现**啤酒**制造的"木刻版画风格"图片的标题是"**历史源自酿造**"。

历史和啤酒被完全混淆,因为二者是同一虚构结构的主体。一旦历史现实被做成"没有人确切了解"的"符号"和"传统",它最多只能提供一个"愉悦的解释"(换句话说就是虚构故事),其元素**本身**就不再具备意义,反而成了游戏筹码似的符号,与包括产品自身虚构故事在内的任何其他系统中的符号相交换。这些符号在广告的元结构(meta-structure)中互相交换。这个过程在我们看到啤酒生产并且读到这是在生产历史时变得最为明显。我们只知道黑骑士是好顺啤酒厂的标志——他没有任何其他含义。广告生产意义的过程标明事物**和人物**创造的是与他(它)们完全无关的神话结构,所以我们无法获知这些东西在他(它)们本身的体系中意味着什么,因为他(它)们永远指向另一个体系。广告的"历史"画面完全没有告诉我们任何关于阿道夫公爵或者德国的信息,却暗示了一整系列的知识(虽然是**不见经传**的知识),从而暗示啤酒具有"内涵"。

此类符号并无"错误"——显然意义系统必不可少且无可避免。但我说过，符号除了意识形态系统（ideological system）的功能之外，还能剥夺我们的知识并创造关于历史、自然和社会的神秘现象，同时这里还存在将人物作为这个系统中通货的危险。当**人类**成为符号，他们就不再被当作人。这点显而易见，然而很少有人关注广告中的人物符号是如何被植入"真实生活"的。女性特别容易受到这种现象的影响。但在生活的所有领域中，只看到人们"**意味着**"什么（比如某种威胁或者身份象征）显然是极为危险的。意识形态是社会赋予自身"意义"的系统，而非社会的本质。如果某物的含义能从"意味着"它的内容中抽取出来，那么这几乎必然是危险的信号，因为我们只有在物质环境下才能"识别"任何内容，而将视线从人类或社会现象移到它们所设想的抽象"意义"上，在最坏的情况下会成为人类和社会暴行的借口，而最好的情况是将现实转变为明显的非现实，而这些社会空想和虚构神话真实得让人类无法生存。我们从思维中删除了大量实际生活经验——我们的生活变成了没有经历过的生活：就像没人看的电视。聪明人/现代人/杂志上的人/**我们**社会中的人做的事连**我们所做**的一半都不到：他们不流汗，也不工作生产。

我们的生活大半是广告"未经历"的生活，是他们世界图景的反面。所以这种现实反而无意识地升华成为字面上的非现实。例如青少年不可能过上杂志故事和图画中的理想生活，虽然杂志上的生活**看上去比现实更为真实**——尽管很少有人承认这点。这种"现实"存在的原因是社会理想——尽管只是理想——是可以**共享**的：这种公共的认知（基于不算太频繁的共同感知）比自我认知更为"客观"。人们的真实经历可能非常相似，但仍然相互孤立，而普遍的经验其实来自媒体和社会影像的冲击。所以渴望参与社会现实其实是一种积极的本能，但这剥夺了我们对社会现实的真正认知。广告不仅挪用了赋予其错误内容的时间和空间的真实领域，还挪用了赋予其错误满足（见第二章）的真实需求与渴望。我们得找准看待自己的视角，而广告使之扭曲（参见广告和镜像阶段）；我们想要理解世界的意义，而广告让我们感到我们正在通过

解码广告：广告的意识形态与含义

理解**广告**(阐释学)来理解世界。

因此我认为"指称系统"这一概念相当重要,因为意识形态和符号或者指称系统在此合并形成了几乎是柏拉图式的系统,其中一切都意味着其他东西,而非其本质。我一直在强调广告用参照物替代认知和内容的方式是在金馥力娇酒、维珍妮女士香烟以及好顺广告中运用"历史"。但广告同样可以将之运用于社会概念、系统及现象,而社会的实际内容和思想体系对广告极不友好乃至完全异化。但广告越面临敌对,就越能发挥作用,因为它在批评的滋养中变得愈发神奇且不可或缺。只需举一个例子:"女性解放"运动为广告提供了大量实质上加剧性别歧视的材料,使这个领域的沟通变得最为性别化。在一则 Censored 须后水电视广告中,一个女人下棋赢了男人。但接着他喷上须后水,于是她狂热地爱上了他,以至于她跳起来撞翻了将他一军的棋盘,像野兽一样扑到他身上。此时,广告没有让我们感到男人不能接受被女人打败是多么缺乏担当,反而让她"酷"、聪明以及明显"解放"的形象来贬低形象本身:因为广告呈现了**即便**是酷、"主导"、智力与男人匹敌的女人也会在闻到 Censored 男士古龙水之后变得与被俘获的动物相差无几。显然赢得一个"解放的"女人会比赢得顺从的女人带来更大的成就感。许多广告都秉承着这条路线:"她是自由的,**但……**"

广告中同样具备真正**革命**性的结构。瓦特尼红色革命(Watney's Rcd Revolution)及其模仿者——切·格瓦拉常年出现在美国的香烟广告牌上。而伦敦地铁站的商场广告经常使用革命标语——我们被告知,在商场中,"你想要一切,现在就要"。这一般是游行口号。

但广告的能指并不仅仅来自其他系统。广告本身也可以是指称系统,而且广告还会使用其他广告的结构来讲述自己的产品。

A112:这则电视广告借用了洗衣粉广告的常见模式,聪明地操纵了"更白的衬衫"这个形象:更白的衬衫来自色彩更鲜明的电视。尽管

X牌洗衣粉并没有让衬衫更白，但松下电视做到了。所以这颠覆了原本的广告：X牌洗衣粉被用来表明干净程度和更鲜明的颜色——之前的"不够白"被表现为**光泽度**。但这则广告与其参考对象尽管内容不同，用的却是同一**结构**。这种结构构建自"X牌对比**我们的品牌**"模式，展示的不是一白一脏的两件衬衫，而是以同样的方式展现了两台电视，通过不使用更亮的衬衫来转变原本肥

A112

皂广告的内容。所以广告又一次窃取了形式联系的结构，同时这些联系中的元素被转变：此处脏衬衫变白是电视在字面意义上带来的改变，这颠覆了肥皂粉广告中衬衫的意义，同时又使用了该广告的形式。

这个玩笑依靠我们对原本广告的认知（甚至得知道"X牌是什么"这个密码）——家庭主妇们要把X牌换成新的奇效洗衣粉——并且操纵这种理解走向两个不同方向。广告将其自身形式作为指称系统，且依赖于我们对这个形式的认知。

A113：与前例一样，此处运用了其他广告的结构［火眼金睛的家庭主妇试图分辨斯托克（Stork）人造黄油和天然黄油］：但内容和背景相反。我们再次基于对所示

A113

解码广告：广告的意识形态与含义

内容的认知理解了这则玩笑：广告引人瞩目之处显然参考了人造黄油的广告。广告的基础信息是这些涂料从价格层面来说都不一样。

然而，暗示其他著名广告除了幽默之外还有其他用途。"你能分辨出斯托克和天然黄油吗"的广告成了戏仿其他广告的经典，因为它承认了大多数人都认为广告很傻。所以这则广告通过模仿"经典"广告，仿佛**参与**了我们的玩笑，而因为这则广告**知道**有些广告看上去很傻，所以它便不在其列，它不属于它暗中批评的其他广告：它承认产品都一样。广告的自我参照使我们放下戒备。提及另一则广告在语气上恰恰符合这则广告的要点；伍尔沃斯（Woolworth）超市提供朴实诚信的买卖——我们切合实际并且注重细节，买到的便宜货和贵的东西一模一样——而且我们深知广告又蠢又假，**但这一则除外**。它的诚实度通过对斯托克的戏仿得到保证。

这展现了广告的自我参照，或者说在同一个意识形态系统中使用其他结构，并非是"中性"过程或者有趣的玩笑，而是产生了至关重要的自证功能。我们会更加信任伍尔沃斯的图画广告，因为它"有意识地"提到了别的广告。自我参照不仅可以是文字的，还可以像 A112 和 A113 中一样产生于视觉。

A114

A114：这张广告**展示了**它自己：女人在读的《周日画报》同样打开在这张广告的页面上。这种自我参照的作用就在于自相矛盾。让广告**成为**杂志中的广告有助于打破其所制造的"幻觉"。然而，正是这种自我意识让广告令人信服；它承认自己是广告，从而打消了我们的疑虑，而且当我们放下防备,就更容易相信广告中的"现实"。广告一边看似通过将自身在外界的明显再现来囊括某种外界"现实"(广告被展现为这个现实中的一个元素),另一方面无止境地嵌套自身。广告外部和周围的"现实"——读书的人群、他们的客厅、窗外的"自然"等都一并放在广告中,尽管这些对大广告**中**的小广告而言都是外部构成,却又显然在大广告之中。

因此自我参照是一种毫无结果的参照:被"挖空"的指称系统是广告本身,从而揭示了其本身缺乏上下文。

广告被放在"平凡"世界中,这个世界乍一看并非广告的世界,因为广告"位处"其中,因此我们会更容易感觉到广告中描述的世界与我们自身的世界相融——因为这同样是个能读到广告的世界。这在很大意义上是最成功的"镜像"类广告。我们看到的是"我们自己"在看广告。但正如我所说,这张广告中的人在看广告中的人在看广告,如此往复,引导我们只能看到它本身,因而成为完全封锁的本体论平台。它看上去将自己"放置"在临近我们的世界中,暗示着我们和图中人的世界相互连续。它保证了不仅广告被封锁在观者所处的真实环境之外,而且我们同样被吸入了这种自我参照的空洞。这是典型的"镜像"手法:我们与图中人物相似又不同。我们看的是同一张报纸;但印在报纸上的不是我们的客厅。

赫普沃斯(Hepworth)服饰的电视广告采用了类似的自我参照。两个人在没有理由地花费长时间从一地赶到另一地后,其中一人说:"这是逃跑?"另一人说:"不,这是赫普沃斯的广告。"我们再次被放到了广告中,成为广告中的观者;因此尽管说"这是赫普沃斯广告"的人试图"走出"广告的虚构,然而实际上却是我们反过来被带进广告中,因为广告提供了与我们本身所处位置相似的空间。

在参照自身这个流派(即引用其他广告的广告,如 A112 和 A113)中,另一则广告与 A114 的自我参照属于不同类别:一则写着"我肉厚,来煎我"的香肠海报广告。这戏谑地模仿了航班广告上说"我是乔/苏

　　　　　　　　　　　解码广告:广告的意识形态与含义

西/等——带我飞"的女孩。就像"五个家庭主妇中有四个"的例子,这**合理化**了有所参照的广告。

想要理解为何如此,我们必须将广告当作指称系统,并且将从其他指称系统结论中形成的理论运用在广告自身的形式上。然而广告的情况显然是不同的,因为广告本身似乎在"东拼西凑"其他错误的社会观念,但想要理解伍尔沃斯超市为什么要用斯托克人造黄油广告来凸显伍尔沃斯的诚意,我们必须意识到广告自身就具备神奇的结构,例如在这个例子和彩色电视广告(A112)中,它可以在参照其内容的同时,(像对其他指称系统所做的那样)否定其内容。广告给我们社会带来的错误认识并不单纯,但也不是由上至下对我们进行意识形态层面的洗脑。广告通常被看作谎言和"欺诈"。不管广告对人有何**作用**,人们都会"清醒地"认为其相当可疑。事实上以斯托克为例的一些广告实质上已经成了玩笑,它们的表面内容并不需要被严肃对待。"这是一堆谎话","只是为了你的钱"——这是(在最近各种电视节目中)人们被问到如何看待广告时通常**认为**自己会产生的情绪。所以围绕广告的基础理念结构实际上是欺骗和榨取。当伍尔沃斯的涂料广告引用斯托克广告时,它正暗示了这种虚拟(mythic)的结构。正如挪用我们在其他指称系统中的认知,这里广告唤醒了我们对其错误性的认知——涂料广告利用的是我们**对广告的批判**。由此这则广告变得诚信、接地气,而且**可知**。

但这样做无可避免地正好与"不能相信广告"这一虚构观念相悖。这个观念完全在形式上吸引着我们,因为伍尔沃斯的广告会阻止我们这样想,并且带给我们它很**诚实**的幻觉。它用自我剖析取代了广告的错误社会观念——而这个剖析直接否定了指称结构。这证实了"指称系统"理论,也就是被挖空的真实认知结构成了"意识形态堡垒"的外框。利用我们认为广告**不诚实**来让特定的广告获得**诚实**的光环,这极大程度地否认了任何思维系统的实际内容——这是在用指称取代认知。

所以广告可以不费事地将它(作为谎言)的神秘地位纳入自身。广告永远可以通过批判自身作为指称框架的特性来**提升**而非破坏它们的

"真实"立场。就像前文中它们表现"解放的女人";"**即便是她**"也会为须后水而疯狂。这比单纯展现须后水效果更好。同理包含对自身批判的广告比其他广告的可信度更高。

然而,一方面广告应对批评的主要做法是将之融合吸收,另一方面广告不诚信的社会形象必然会导致它"所说的内容"不被人接纳,("宝莹洗衣液洗得更白"等)——因为在它们作为能指存在时(参见 A1),往往被认为不可信。

广告谬误("谎言")使得售卖行为必须具备能指**的**作用,将注意力从广告的系统中转移开,引向其他虚构系统。举几个例子能说得更明白。在 A112 这类洗衣粉广告中——通常成年人不太会相信"宝莹洗得更白"这种广告语。然而,对广告中符号交换的认知迫使我们看向洗衣粉的"形象"所使用的**能指**。这通常呈现为一种母子关系(穿灰色 T恤的孩子是谁?):实际上是这种母亲的"关爱"和呵护构成了广告的中心结构,因为其框架是家庭忠诚及与其他家庭的竞争(参见"世代游戏"中的父女/母子竞争)。母亲可能不"相信"X 牌洗衣粉真能洗得比 Y牌更干净,但她无意识地收到了能指传达的信息,看到了她和**她的**孩子之间的"镜像关系"。在电视广告中,**一切**都由能指者来售卖,所谓能指者是广告上使用产品的人。再者,你可能不是真心相信某些微不足道的调料能把你的砂锅菜变成饭店料理,但嗷嗷待哺的丈夫和孩子在等她来做精心的一餐,这代替了早就被遗忘的产品本身。我们在广告中看到的影像提供了意义,并将这种意义转移给产品。这就是为什么广告如此难以控制,因为不管它们的文字内容或者"错误声明"产生了多少限制,也不能限制它们的形象和符号。而广告的基础正是这些——如同 A54 中,不同文字放在同一张图片上对产品形象毫无影响。所以广告永远可以逃离任何针对其欺骗性或者"资本主义""性别歧视"危害的指控。这些指控并非无效:只是避开了广告在意识形态中的工作**方式**。意象交换在任何法律中都不会被禁止,也无法被禁止;这就是为什么斯米诺(Smirnoff)伏特加广告至今仍旧成功。下列例子同样关于一

解码广告:广告的意识形态与含义

则广告使用另一则广告（Vymura 广告）的结构——这里的产品实现了
魔幻结构的转换，其次，如同以上论点所指出的，广告中建立的通货是
图画而非文字。

A115a

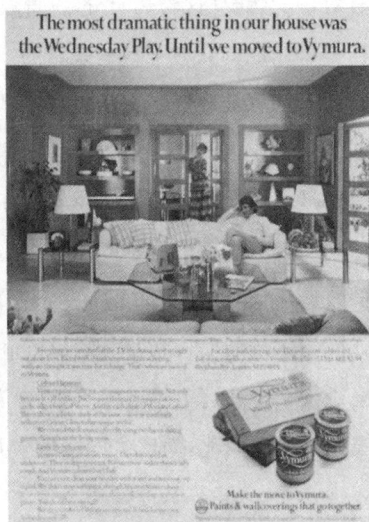

A115b

A115：A115b 是上述论点的另一个直观案例——一则广告通过引
用另一则众所周知的广告来证实自身。被引用的是 A155a 的斯米诺
广告（即它在被禁之前的夸大宣传）。它提供了许多广告内外的笑料。
没人会真的以为他可以一夜之间成为家用亚麻布界的福尔摩斯：但也
许他们压根不会感到他们**就是**福尔摩斯。你不用与原创角色有共鸣，
只需要认同其结果。明显，图上展现的永远是时髦的人而非没喝过斯
米诺的过时的人。没人"相信"这种转变——斯米诺不会让你变成另外
一个人。我们实际上认同的仅仅是转换"之后"的形象——出类拔萃的
时髦人物在喝斯米诺伏特加。这和其他饮料广告没什么不同——例如
百加得广告（A49）。"转换"如此极端以至于它**可以作为玩笑**出现。因
为它实在不可信，它的价值从而成为 Vymura 系列的参照物，这个系列
其中之一在 A115b 中。"在发现……以前我曾经……"的句式成了**不**

可信广告的同类,所以当 Vymura 故意使用了这种句式,它实际上不是在模仿,而是在把斯米诺放进来进行明显的**对比**。它让我们同时注意到变化和变化的缺失。"直到我们换成了 Vymura"显然是个不需要认真对待的**玩笑**(这与 A31 的汤姆森假日旅行社不一样,因为 A31 中去往神秘之地的交通工具是**来真的**)——因为重点是他们不需要搬家,他们**自己的家**被改变了。所以这里的重点与福尔摩斯不同,成为福尔摩斯像是一夜之间从荒郊野岭的房子里搬到了地中海渔村,而这些人没有并且不需要搬迁。Vymura 会满足他们想对客厅进行的一切改变。这则广告依靠一个特别的玩笑以暗示**它**提供了比斯米诺广告更加现实的改造(事实也确实如此——重刷房子比成为渔夫容易得多)。所以,如同伍尔沃斯广告和"X 牌"彩色电视广告,结构被"批判地"运用了,填充进了一个违背其原本假设的含义。A115b 有趣的地方在于斯米诺概念的极端变化,而广告同样鼓吹并许诺了**其**产品上的变化。

A115c

A115d

　　A115c 和 d 证明意象是广告中至关重要的能指,即使特别的文字暗示被禁用了,意象仍然在发挥作用。斯米诺旧系列广告中的人物(由于明目张胆鼓吹酒精与社会/性成功是非法的)而与改变后的人物是同

解码广告:广告的意识形态与含义

样内容的所指。此处尤其针对着批判——"他们说斯米诺**不会**……"是公式——但广告只是简单地往潮流更进了一步,因为现在它们展现的人不再**需要**改变。(115c 中的女人已经足够性感了——她不希望碎发贴在脸颊上;115d 中的男人**已经是**老板了。"他们说斯米诺不会让我们成为完美的一对"中的情侣尽管不寻常却已臻完美。)但——这正是它们之前所**展示**的。旧画面永远是人们在喝了斯米诺后**成**了什么,因此严丝合缝地与斯米诺相匹配,尽管涉及的**叙事**稍有差异(之前/之后)。福尔摩斯的**新**形象成了与斯米诺相联系的形象,就像 A115d 和 c 中男人和女人的形象都分别与之相关。同样有趣的是视线对应在这个新系列中做得更为仔细:性感的女人和老板都是侧眼看向我们,仿佛在分享某种隐藏的危险秘密。这个秘密想必是他们用斯米诺买到的形象不言而喻。但这仅仅是种向着第二章中所描述的"既定感"广告策略的转变。广告用的是"已然"新潮**因而**喝斯米诺的形象,而非将同样的形象呈现在产品之前。转换的概念在 A115a、c 和 d 中同样作为附带内容出现。在任何情况下,转换在广告中都有暗示,因为一旦一个形象可以转移,它就可以通过产品转移到我们身上。斯米诺广告从 115a 到 d 的主要改变是后者引入了正好施加在其上的限制,因此形象显得更加大胆。

换句话说,你显然**不会**"为了喝它而喝它":你喝斯米诺是为了成为和广告中能指一样的人,这歪曲了你与广告中人物的镜像。我们,和他们一样,也可以成为成功/时髦的能指;一旦含义可以松脱并且与文本之外的内容发生交换,含义就成了一种击鼓传花式的通货,由此抽象"意义"可以无休无止地从人传到物再从物传到

人。这就是为什么只有当含义具有实质背景时才能被人把握住，并且成为认知而非推断的内容。但正是因为广告将"含义"用作通货，将意义用作市场，它才能够永远让两者进行交换，将任何内容排除到背景之外并将之替换，即**再现**。正是对空洞结构的依赖使意识形态得以存续，而理解这些结构，哪怕是批判地理解，也只会提供一个平台使意识形态看上去**本身具备含义**的同时却毫无内容，让人容易无止境地分析意识形态结构而忽略其内容的空洞。广告容纳批评的能力暴露了其部分形式策略因而使之显得不像自吹自擂。诚然，阅读本书的广告商也会发现书中内容对其工作非常**有帮助**，除非他们极其愚蠢。我们从来不能**完全**破除意识形态，因为其基本特质之一就是适应性。其韧性和弹性正是来自真实内容的缺失：它的框架可以塞进任何东西，而社会错误观念的结构被不断重复使用。同样，真实事物被重新安排在错误的位置上，而它们的现实属性看似可以合理化这些位置。

所以，意识形态无法被感知和废除，因为它们形成形式，特别是广告，吸收批评的速度快得令人忧虑，就好像参加了一场赛跑。然而，这种容纳也愈发微妙。这就是为什么结构批评工具只在一定限度内有价值。本书两部分之间的复杂性源于广告本身的复杂性。同样，这种分析显然也有危险——正如 A114，它可以回指自己，使之更加令人迷惑而非清晰。在我看来，广告允许分析成为一种固有价值——在某种意义上让感知本身比被感知的**内容**更重要。

广告永远让我们思考："解码广告。如果你的朋友们能从指称对象中看出符号。"最终有价值的**不是**这种认知本身，而是改变作为其客体的体系的可能性。由于广告的意识形态系统可怕的吸收能力，而由于其内倾性以及上下文的缺乏，且结构分析具有危险性，我们难以对其进行批判，甚至难以与之齐头并进——我将以一个例子作为结尾来最清楚地说明广告到底是什么、为什么广告**必须**受到批判以及它们的价值观。这是一则广告的广告：这本杂志针对的是广告商，所以将正在发生的事情展现得比给我们看时更加露骨。

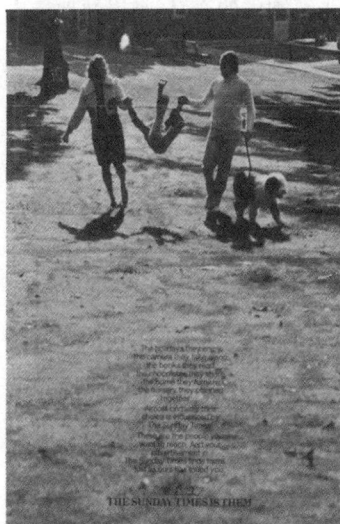

The clothes she wears,
the perfume she prefers,
the jewellery she cherishes;
the drink she lingers over,
the holiday she chooses;
the furnishings in her home,
the luxury in her bathroom,
the timepiece on her wrist . . .
Almost certainly
her choice is influenced by
The Sunday Times.
She's the woman you want
to reach. And your
advertisement in
The Sunday Times finds her . . .
just as ours has found *you.*

THE SUNDAY TIMES IS HER

THE SUNDAY TIMES IS THEM

A116

A116：这是一些关于广告的广告——但与本章中的其他例子不同。它们广告的是空间，**为了做广告而进行广告**。它们将广告构建出的形象卖回给广告：允许人生由消费主义提供的必然选择来决定的人现在成为了通货，也就是消费本身的客体——**他们**成了广告中的产品。他们就是《星期日时报》杂志提供的商品。而价格则是广告所占篇幅。这些广告与本书中所有其他广告完全类似，虽然它们的运作层面有所不同：其他广告让《星期日时报》的读者看到他们可购买的产品；而这些广告将《星期日时报》的读者提供给了广告商，**因为这些读者的购买力也是可以买到的。**

这确凿表现出我们在广告的符号交换里的位置，而我们并不是作为超然的局外人参与其价值体系；我们同样成了明码标价可供交换的物品——我们购买形象的事实使我们可被销售。当我说我们成为交易的通货，这并非抽象的结论，而是来源于广告买卖本身的特有方式。

这些人被看作广告的**作品**："他们所享受的假日，他们随身携带的相机，家里的家具陈设，一起设计的婴儿室……几乎都是受到《星期日时报》影响的选择。"他们被看作整个广告范围内的产品：被谨慎地选出来匹配一个"形象"。在广告中，"真实生活"的元素被转化成赋予它们神秘地位的结构。这里，更进一步，我们让广告商神话成了原始广告中"真正"元素的变形。"他们享受的假期，他们读的书……等等"都是广告的构成；而这张图有意识地将这些紧密结合在一张图中，图中的情侣**就是**这些事物。然而，这张广告元素的"元结构"图画被从现实中移除出来为广告原本结构提供素材。

当然，最初对"真实生活"的选择取决于普通广告要体现的产品特质，以及它想要表现出的神奇效果。在第二阶段，选择重新出现，而新的神奇效果取决于登载这则广告的杂志。所以最终的形象在双重意义上并非现实，广告利用人物成为形象的能指，而这个形象之前指向的就是**他们**。

但此刻，他们所象征的就是《星期日时报》：他们选择的巧克力可能"表露一些"有关他们的内容，但这里是他们在"表露一些"关于杂志（亦即广告商）的内容。实际上他们完全与购买力联系在了一起（如同《星期日时报》画面中所表现的）："《星期日时报》就是**他们**。"他们购买《星期日时报》，因此他们成了"周日时光"。同理，"《星期日时报》是**她**"。这就是一切广告中的基本等式：它构建了两种社会"产物"之间的同一性，这两种产物最初分属于不同的社会/生活秩序，但**通过协作构建意义得以交换**。人开始被事物所象征和总结——"他们买的巧克力，她戴的手表"等；因此又等同于其他东西——钱（他们的消费力）以及意识形态形象（《星期日时报》）。产品和钱提供了两者之间的关联：形象可以被买到。这应该说清了现实的物质基础和在社会中被评价与交换的形象之间的结构：形象、"生活方式"、含义可能不是真的，但是购买这些所花的钱是真的，挣钱的人更是真的。只要这些现实的结构存在，我所分析的调节并掩盖物质交换的形象结构就会存在，同时也说明我们通过它们构建自身。这些人"是"他们消费的总和。我们每天都在根据所有物的意识形态重建自己——我们对自己的定义来自我们与物品和财产的关系，而非人与人之间的关系。

　　　　　　　　　解码广告：广告的意识形态与含义

参考文献

Louis Althusser, *Lenin and Philosophy and Other Essays*, New Left Books, 1970.

Louis Althusser and Etienne Balibar, *Reading Capital*, New Left Books, 1970.

Roland Barthes, *Mythologies*, Paladin, 1973.

Elements of Semiology, Jonathan Cape, 1967.

Walter Benjamin, *Understanding Brecht*, New Left Books, 1973.

John Berger, *Ways of Seeing*, BBC and Penguin, *1972*.

Bertolt Brecht, *Brecht On Theatre*, Translated and edited by John Willett, Hill and Wang, 1964.

The Messingkauf Dialogues, Eyre Methuen, 1965.

Michel Foucault, *The Order of Things*, Tavistock, 1970.

Freud, *Introductory Lectures on Psychoanalysis*.

The Interpretation of Dreams.

Jokes and Their Relation to the Unconscious.

Antonio Gramsci, *The Prison Notebooks*, Lawrence and Wishart, 1971.

Jacques Lacan, *The Language of the Self*, tr. Wilden, Delta, 1968.

'The Mirror Phase' in *New Left Review* No. 51.

Claude Lévi-Strauss, *The Raw and The Cooked*, Jonathan Cape, 1970.

The Savage Mind, Weidenfeld and Nicolson, 1966.

Marx, *Economic and Philosophical Manuscripts*.

The German Ideology.

A Contribution to a Critique of Political Economy.

Saussure, Jonathan Culler on *Saussure*, Fontana 1976.

致　谢

感谢书中所提到的公司允许本书使用其广告。

《无法满足》的两段歌词已获得米克·贾格尔、基思·理查兹和埃塞克斯音乐公司①授权。

---

① 该公司现已更名为"威斯敏斯特音乐有限公司"（Westminster Music Ltd.）。——译者注

　　　　　　　　　　　　解码广告：广告的意识形态与含义

文化政策 [澳]托比·米勒 [美]乔治·尤迪思

通俗文化系列

解读大众文化 [美]约翰·菲斯克

文化理论与通俗文化导论(第二版) [英]约翰·斯道雷

通俗文化、媒介和日常生活中的叙事 [美]阿瑟·阿萨·伯格

文化民粹主义 [英]吉姆·麦克盖根

詹姆斯·邦德:时代精神的特工 [德]维尔纳·格雷夫

消费文化系列

消费社会 [法]让·鲍德里亚

消费文化——20世纪后期英国男性气质和社会空间 [英]弗兰克·莫特

消费文化 [英]西莉娅·卢瑞

大师精粹系列

麦克卢汉精粹 [加]埃里克·麦克卢汉 弗兰克·秦格龙

卡尔·曼海姆精粹 [德]卡尔·曼海姆

沃勒斯坦精粹 [美]伊曼纽尔·沃勒斯坦

哈贝马斯精粹 [德]尤尔根·哈贝马斯

赫斯精粹 [德]莫泽斯·赫斯

九鬼周造著作精粹 [日]九鬼周造

社会学系列

孤独的人群 [美]大卫·理斯曼

世界风险社会 [德]乌尔里希·贝克

权力精英 [美]查尔斯·赖特·米尔斯

科学的社会用途——写给科学场的临床社会学 [法]皮埃尔·布尔迪厄

文化社会学——浮现中的理论视野 [美]戴安娜·克兰

白领:美国的中产阶级 [美]C.莱特·米尔斯

论文明、权力与知识 [德]诺贝特·埃利亚斯

解析社会:分析社会学原理 [瑞典]彼得·赫斯特洛姆

局外人:越轨的社会学研究 [美]霍华德·S.贝克尔

社会的构建 [美]爱德华·希尔斯

新学科系列

后殖民理论——语境 实践 政治 [英]巴特·穆尔-吉尔伯特

趣味社会学 [芬]尤卡·格罗瑙

跨越边界——知识学科 学科互涉 [美]朱丽·汤普森·克莱恩

人文地理学导论:21 世纪的议题 [英]彼得·丹尼尔斯 等

文化学研究导论:理论基础·方法思路·研究视角 [德]安斯加·纽宁
[德]维拉·纽宁主编

世纪学术论争系列

"索卡尔事件"与科学大战 [美]艾伦·索卡尔 [法]雅克·德里达 等

沙滩上的房子 [美]诺里塔·克瑞杰

被困的普罗米修斯 [美]诺曼·列维特

科学知识:一种社会学的分析 [英]巴里·巴恩斯 大卫·布鲁尔 约翰·亨利

实践的冲撞——时间、力量与科学 [美]安德鲁·皮克林

爱因斯坦、历史与其他激情——20 世纪末对科学的反叛 [美]杰拉尔德·霍尔顿

真理的代价:金钱如何影响科学规范 [美]戴维·雷斯尼克

科学的转型:有关"跨时代断裂论题"的争论 [德]艾尔弗拉德·诺德曼
[荷]汉斯·拉德 [德]格雷戈·希尔曼

广松哲学系列

物象化论的构图 [日]广松涉

国外马克思主义与后马克思思潮系列

经典补遗系列

卢卡奇早期文选 [匈]格奥尔格·卢卡奇

胡塞尔《几何学的起源》引论 [法]雅克·德里达

黑格尔的幽灵——政治哲学论文集[Ⅰ] [法]路易·阿尔都塞

语言与生命 [法]沙尔·巴依

意识的奥秘 [美]约翰·塞尔

论现象学流派 [法]保罗·利科

脑力劳动与体力劳动:西方历史的认识论 [德]阿尔弗雷德·索恩-雷特尔

黑格尔 [德]马丁·海德格尔

黑格尔的精神现象学 [德]马丁·海德格尔

生产运动:从历史统计学方面论国家和社会的一种新科学的基础的建立 [德]弗里德里希·威廉·舒尔茨

先锋派系列

先锋派散论——现代主义、表现主义和后现代性问题 [英]理查德·墨菲

诗歌的先锋派:博尔赫斯、奥登和布列东团体 [美]贝雷泰·E.斯特朗

情境主义国际系列

日常生活实践 1.实践的艺术 [法]米歇尔·德·塞托

日常生活实践 2.居住与烹饪 [法]米歇尔·德·塞托 吕斯·贾尔 皮埃尔·梅约尔

日常生活的革命 [法]鲁尔·瓦纳格姆

居伊·德波——诗歌革命 [法]樊尚·考夫曼

景观社会 [法]居伊·德波

当代文学理论系列

怎样做理论 [德]沃尔夫冈·伊瑟尔

21世纪批评述介 [英]朱利安·沃尔弗雷斯

后现代主义诗学：历史·理论·小说 [加]琳达·哈琴

大分野之后：现代主义、大众文化、后现代主义 [美]安德列亚斯·胡伊森

理论的幽灵：文学与常识 [法]安托万·孔帕尼翁

反抗的文化：拒绝表征 [美]贝尔·胡克斯

戏仿：古代、现代与后现代 [英]玛格丽特·A.罗斯

理论入门 [英]彼得·巴里

现代主义 [英]蒂姆·阿姆斯特朗

叙事的本质 [美]罗伯特·斯科尔斯　詹姆斯·费伦　罗伯特·凯洛格

文学制度 [美]杰弗里·J.威廉斯

新批评之后 [美]弗兰克·伦特里奇亚

文学批评史：从柏拉图到现在 [美]M.A.R.哈比布

德国浪漫主义文学理论 [美]恩斯特·贝勒尔

萌在他乡：米勒中国演讲集 [美]J.希利斯·米勒

文学的类别：文类和模态理论导论 [英]阿拉斯泰尔·福勒

思想絮语：文学批评自选集（1958—2002） [英]弗兰克·克默德

叙事的虚构性：有关历史、文学和理论的论文（1957—2007） [美]海登·
怀特

21世纪的文学批评：理论的复兴 [美]文森特·B.里奇

核心概念系列

文化 [英]弗雷德·英格利斯

风险 [澳大利亚]狄波拉·勒普顿

学术研究指南系列

美学指南 [美]彼得·基维

文化研究指南 [美]托比·米勒

文化社会学指南 [美]马克·D.雅各布斯　南希·韦斯·汉拉恩

艺术理论指南 [英]保罗·史密斯 卡罗琳·瓦尔德

《德意志意识形态》与文献学系列

梁赞诺夫版《德意志意识形态·费尔巴哈》[苏]大卫·鲍里索维奇·梁赞诺夫
《德意志意识形态》与 MEGA 文献研究 [韩]郑文吉
巴加图利亚版《德意志意识形态·费尔巴哈》[俄]巴加图利亚
MEGA：陶伯特版《德意志意识形态·费尔巴哈》 [德]英格·陶伯特

当代美学理论系列

今日艺术理论 [美]诺埃尔·卡罗尔
艺术与社会理论——美学中的社会学论争 [英]奥斯汀·哈灵顿
艺术哲学：当代分析美学导论 [美]诺埃尔·卡罗尔
美的六种命名 [美]克里斯平·萨特韦尔
文化的政治及其他 [英]罗杰·斯克鲁顿
意大利美学精粹 周 宪 [意]蒂齐亚娜·安迪娜

现代日本学术系列

带你踏上知识之旅 [日]中村雄二郎 山口昌男
反·哲学入门 [日]高桥哲哉
作为事件的阅读 [日]小森阳一
超越民族与历史 [日]小森阳一 高桥哲哉

现代思想史系列

现代主义的先驱：20 世纪思潮里的群英谱 [美]威廉·R.埃弗德尔
现代哲学简史 [英]罗杰·斯克拉顿
美国人对哲学的逃避：实用主义的谱系 [美]康乃尔·韦斯特

视觉文化与艺术史系列

可见的签名 [美]弗雷德里克·詹姆逊

摄影与电影 [英]戴维·卡帕尼

艺术史向导 [意]朱利奥·卡洛·阿尔甘 毛里齐奥·法焦洛

电影的虚拟生命 [美]D. N. 罗德维克

绘画中的世界观 [美]迈耶·夏皮罗

缪斯之艺:泛美学研究 [美]丹尼尔·奥尔布赖特

视觉艺术的现象学 [英]保罗·克劳瑟

总体屏幕:从电影到智能手机 [法]吉尔·利波维茨基
[法]让·塞鲁瓦

艺术史批评术语 [美]罗伯特·S. 纳尔逊 [美]理查德·希夫

设计美学 [加拿大]简·福希

工艺理论:功能和美学表达 [美]霍华德·里萨蒂

当代逻辑理论与应用研究系列

重塑实在论:关于因果、目的和心智的精密理论 [美]罗伯特·C. 孔斯

情境与态度 [美]乔恩·巴威斯 约翰·佩里

逻辑与社会:矛盾与可能世界 [美]乔恩·埃尔斯特

指称与意向性 [挪威]奥拉夫·阿斯海姆

说谎者悖论:真与循环 [美]乔恩·巴威斯 约翰·埃切曼迪

波兰尼意会哲学系列

认知与存在:迈克尔·波兰尼文集 [英]迈克尔·波兰尼

科学、信仰与社会 [英]迈克尔·波兰尼

现象学系列

伦理与无限:与菲利普·尼莫的对话 [法]伊曼努尔·列维纳斯

新马克思阅读系列

政治经济学批判:马克思《资本论》导论 [德]米夏埃尔·海因里希

DECODING ADVERTISEMENTS by Judith Williamson
Copyright © Marion Boyars Publishers LTD
Simplified Chinese translation copyright © 2021 by NJUP
All rights reserved.

江苏省版权局著作权合同登记 图字:10 - 2009 - 103 号

图书在版编目(CIP)数据

解码广告:广告的意识形态与含义 / (英)朱迪斯·
威廉森著;马非白译. 一 南京:南京大学出版社,
2021.8(2023.6重印)
(当代学术棱镜译丛 / 张一兵主编)
书名原文:Decoding Advertisements:Ideology
and Meaning in Advertising
ISBN 978 - 7 - 305 - 08617 - 5

Ⅰ. ①解… Ⅱ. ①朱… ②马… Ⅲ. ①广告学一研究
Ⅳ. ①F713.80

中国版本图书馆 CIP 数据核字(2020)第 185017 号

出版发行　南京大学出版社
社　　址　南京市汉口路 22 号　　　　邮　编　210093
出 版 人　金鑫荣
丛 书 名　当代学术棱镜译丛
书　　名　解码广告:广告的意识形态与含义
著　　者　[英]朱迪斯·威廉森
译　　者　马非白
责任编辑　王冠蕤
照　　排　南京南琳图文制作有限公司
印　　刷　南京鸿图印务有限公司
开　　本　635×965　1/16　印张15.5　字数220 千
版　　次　2021 年 8 月第 1 版　2023 年 6 月第 2 次印刷
ISBN 978 - 7 - 305 - 08617 - 5
定　　价　59.00 元
网　　址　http://njupco.com
官方微博　http://wcibo.com/njupco
官方微信　njupress
销售热线　025 - 83594756

* 版权所有,侵权必究
* 凡购买南大版图书,如有印装质量问题,请与所购
  图书销售部门联系调换